Inhaltsverzeichnis

Ursula Lassert: Wir üben Aufsätze – 5./6. Schuljahr
© Persen Verlag

Erzählungen lassen sich nicht nur über Dramatisches, Tragisches und Sensationelles schreiben, sondern auch über einfachere Erlebnisse.

1. **Ergänze die fehlenden Silben.**

würdig   tig   regend   ter   lich   schend   rig   gerlich   misch

Es genügt, wenn das Erlebnis merk_____, lus_____, ko_____, überra_____,

unheim_____, är_____, trau_____, hei_____ oder auf_____ ist.

Wenn du dich dann für ein Ereignis entschieden hast, musst du dir weitere Gedanken machen.

2. **Ergänze die fehlenden Wörter.**

Alter   Handlung   Eigenschaften   Beruf   Personen   Namen   Perspektive   Ort   Zeit

Du musst die _____ aussuchen, wann die Geschichte spielen soll, den _____ , wo sie spielen soll,

die _____ , die darin vorkommen sollen. Du musst ihnen _____ , _____ ,

ein bestimmtes _____ und bestimmte _____ geben.

Außerdem musst du dir überlegen, wie die _____ sein soll und aus welcher

_____ du die ganze Geschichte erzählen willst.

Auch die Reihenfolge, in der du etwas erzählst, muss bedacht sein. Du musst dir also einen richtigen Plan machen. Doch überlege dir zunächst noch einmal, welches die drei großen Bausteine sind, aus der jede Erzählung besteht.

3. **Erkennst du die Bezeichnungen für die drei Bausteine in diesem merkwürdigen Wort?**

Einschlusshauptleitungteil

Jede Erzählung besteht aus

_____ , _____ und _____ .

Eine gute Einleitung führt den Leser in die Erzählung ein.
Das heißt, dass hier bestimmte Informationen gegeben
werden müssen und das Geschehen kurz angedeutet
werden sollte. Diese Andeutungen zeigen dem Leser,
ob die Geschichte z. B. spannend, traurig oder lustig wird.
Das geschieht durch Sätze wie:

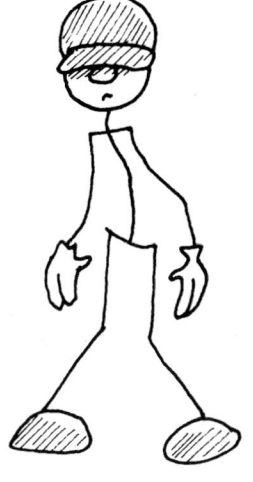

- Das hätten wir nicht tun sollen.
- Hier hätte ich vorsichtig sein müssen.
- Wenn wir das geahnt hätten, was nun kam!
- Das war nicht so gut! ...

In einer Einleitung müssen erwähnt werden:

a) der Ort des Geschehens (wo?)
b) die Zeit des Geschehens (wann?)
c) die beteiligten Personen (wer?)
d) der Anlass der Erzählung (was?)

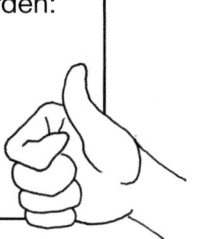

1. *Markiere die Einleitungen,*
   die alle vier Fragen (wo, wann, wer, was?) beantworten.

   a) Gestern ging ich mit meinen Freunden durch den Wald,
      als uns etwas Merkwürdiges passierte.

   b) Es war kurz nach Mitternacht, als ich einen Schrei hörte.

   c) Die Sonne ging unter. Matthias und ich waren müde. Wir holten
      unsere Fahrräder und fuhren los. Allmählich wurde es dunkel.

   d) Letzten Sonntag war ich mit meiner Freundin im Schwimmbad.
      Wir spielten gerade im Wasser, als es passierte.

   e) Am Samstagmorgen herrschte auf dem Markt Hochbetrieb. Jule
      und ich hatten es sehr eilig. Doch etwas Erschreckendes ließ uns
      plötzlich anhalten.

2. *Stelle zu den angekreuzten Einleitungen*
   die vier Fragen und unterstreiche die Antworten
   in verschiedenen Farben.

Ursula Lassert: Wir üben Aufsätze – 5./6. Schuljahr
© Persen Verlag

1. Lies Jans Erlebniserzählung aufmerksam durch.

Am Sonntag haben mein Freund und ich eine Fahrradtour gemacht. Leider endete sie nicht so, wie wir es geplant hatten.

Wir waren schon einen halben Tag unterwegs gewesen. In einem dichten Wald hatten wir eine hübsche Quelle entdeckt und gleich nebenan unsere Mittagspause gemacht. Die Sonnenstrahlen kitzelten uns immer wieder und der herrliche Waldduft machte uns träge.
Da wir aber noch viel vorhatten und eine lange Strecke fahren mussten, machten wir uns wieder auf den Weg. Vor uns schlängelte sich die Autostraße bergauf.
Sie sah ziemlich steil und mühselig aus. Die Sonne schien und es war sehr heiß. Beim Hinauffahren auf den Berg mussten wir uns sehr anstrengen. Wie haben wir geschwitzt! Ihr könnt es euch nicht vorstellen.
Nach einer Ewigkeit – so schien es uns – waren wir endlich oben. Vor uns lag eine herrlich lange Abfahrt. Das hatten wir aber auch wirklich verdient. Ach, wie ich mich freute! Voll Schwung sprang ich auf das Fahrrad, mein Freund ebenfalls. Und ab ging die Post.
Plötzlich überquerte ein Kaninchen kurz vor uns die Straße. Matthis bremste heftig. Zu heftig! Er hatte keine Rücktrittbremsen, sondern nur Handbremsen. Er griff zu fest zu. Das Rad stoppte und Matthis stürzte kopfüber auf die Straße. O weh, was war das für ein Schreck! Welch ein Glück, dass er einen Helm trug! Dennoch hatte er sich ziemlich verletzt.
Mit meinem Handy rief ich den Krankenwagen herbei.

Matthis wurde ins Krankenhaus gebracht.

2. Wie ist die Einleitung?

Hat er alle Fragen beantwortet?   Ja ☐   Nein ☐

Falls eine Angabe fehlt, welche?   _____

3. *Wie findest du Jans Schluss zu dieser Erzählung?*
   Kreuze an.
   a) zu lang ☐   b) zu kurz ☐   c) führt geschickt aus der Erzählung heraus ☐

4. *Schreibe einen anderen Schluss für Jans Erzählung.*

_____

_____

_____

_____

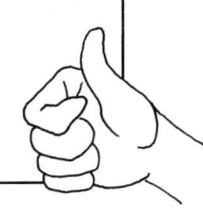

Der Schluss muss kurz sein und geschickt
aus der Erzählung hinausführen. Er kann
z. B. einen Blick in die Zukunft werfen:
Das soll mir nicht noch einmal passieren!

5. *Dir ist sicher aufgefallen, dass die Überschrift fehlt.*
   Ergänze sie.

Überschriften sollen neugierig machen.
Aber sie legen meistens auch schon die
Richtung fest, in die die Geschichte gehen
wird.

6. *Einige der folgenden Überschriften legen fest,*
   ob eine Erzählung ärgerlich, spannend, unheimlich,
   lustig ... wird. Andere lassen alles offen.
   Kreuze die an, die alles offen lassen.

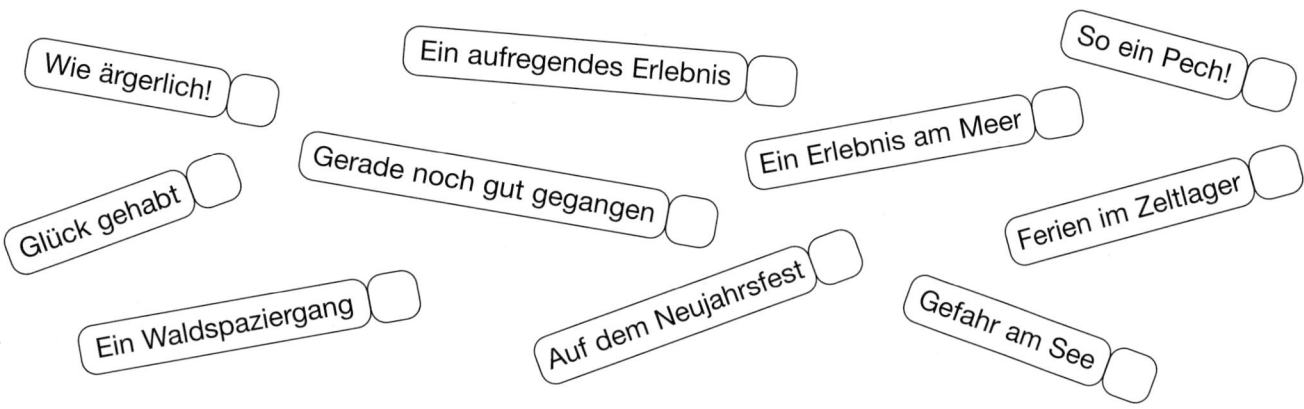

Wie ärgerlich!

Ein aufregendes Erlebnis

So ein Pech!

Glück gehabt

Gerade noch gut gegangen

Ein Erlebnis am Meer

Ferien im Zeltlager

Ein Waldspaziergang

Auf dem Neujahrsfest

Gefahr am See

Der wichtigste und schwierigste Teil einer Erzählung ist der Hauptteil.
Dieser Teil muss anschaulich und interessant geschrieben werden,
damit der Leser ihn mit Freude und Interesse liest.

Im Hauptteil befindet sich auch der wichtigste Punkt der Geschichte,
auf den alles ausgerichtet ist: **der Höhepunkt**. Er ist das Ziel,
er ist die Pointe. Er kann eingeleitet werden durch Formulierungen wie:
„Plötzlich ...", „Schon war der Entschluss gefasst..." oder „Auf einmal ...".
Danach sollte die Spannung wieder rasch abgebaut werden.

1. *Hier siehst du noch einmal die Erzählung von Seite 3.*
   Wo befindet sich der Höhepunkt?
   Unterstreiche ihn rot.

> Am Sonntag haben mein Freund und ich eine Fahrradtour gemacht. Leider endete
> sie nicht so, wie wir es geplant hatten.
> Wir waren schon einen halben Tag unterwegs gewesen. In einem dichten Wald
> hatten wir eine hübsche Quelle entdeckt und gleich nebenan unsere Mittagspause
> gemacht. Die Sonnenstrahlen kitzelten uns immer wieder und der herrliche Wald-
> duft machte uns träge.
> Da wir aber noch viel vorhatten und eine lange Strecke fahren mussten, machten
> wir uns wieder auf den Weg. Vor uns schlängelte sich die Autostraße bergauf. Sie
> sah ziemlich steil und mühselig aus. Die Sonne schien und es war sehr heiß. Beim
> Hinauffahren auf den Berg mussten wir uns sehr anstrengen. Wie haben wir ge-
> schwitzt! Ihr könnt es euch nicht vorstellen.
> Nach einer Ewigkeit – so schien es uns – waren wir endlich oben. Vor uns lag eine
> herrlich lange Abfahrt. Das hatten wir aber wirklich verdient. Ach, wie ich mich
> freute! Voll Schwung sprang ich auf das Fahrrad, mein Freund ebenfalls. Und ab
> ging die Post.
> Plötzlich überquerte ein Kaninchen kurz vor uns die Straße. Matthis bremste hef-
> tig. Zu heftig! Er hatte keine Rücktrittbremsen, sondern nur Handbremsen.
> Er griff zu fest zu. Das Rad stoppte und Matthis stürzte kopfüber auf die Straße.
> O weh, was war das für ein Schreck! Welch ein Glück, dass er einen Helm trug!
> Dennoch hatte er sich ziemlich verletzt. Mit meinem Handy rief ich den Kranken-
> wagen herbei. Matthis wurde ins Krankenhaus gebracht.

2. *Durch welche Formulierung wird der Höhepunkt in dieser Geschichte eingeleitet?*

   _____

   _____

   _____

> Auf dem Höhepunkt müssen auch die Gefühle und Gedanken der Hauptpersonen be-
> schrieben werden. Der Leser muss hier wirklich teilhaben können, er muss hier mitfühlen,
> mithören, mitsehen, mitschmecken, mitriechen ... können. Hier sollten deshalb auch Fragen,
> Ausrufe, abgebrochene Sätze ... eingefügt werden.

Der Höhepunkt ist also das Ziel einer Erzählung. Um zu ihm hinzuführen, teilst du die Geschichte in einzelne Erzählschritte. So führst du den Leser zielbewusst zur Pointe. Der Leser sollte deiner Erzählung Schritt für Schritt folgen können. Wenn du bei jedem Schritt die Spannung steigerst, machst du den Leser neugierig.

> Bevor du mit dem eigentlichen Schreiben deiner Erzählung anfängst, machst du dir am besten erst einmal ein Erzählgerüst.

1. Erstelle zu der Erzählung auf Seite 5 ein Erzählgerüst.

1) Zeit: _____

2) Ort: _____

3) Personen: _____

4) Handlung: _____

a) 1. Schritt: _____

b) 2. Schritt: _____

c) 3. Schritt: _____

5) Höhepunkt: _____

6) Erzählperspektive: _____

2. Schreibe ein Erzählgerüst zu dem Thema:
    „Ein aufregender Ferientag am Meer".
    Achte darauf, dass du die Spannung
    von Schritt zu Schritt steigerst.

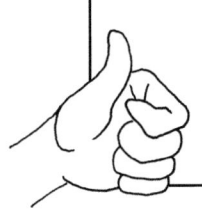

> Eine Geschichte wird anschaulich und interessant, wenn du ausdrucksstarke Verben benutzt.

Um die Spannung in einer Erzählung auf- und abzubauen, gibt es verschiedene sprachliche Mittel. Auf diesem Blatt findest du einige.

> Erzählende Texte sollten spannend sein. Die Neugierde des Lesers muss wachgehalten werden.

Verbinde die Stilmittel mit den dazu passenden Beispielen.

Stilmittel

1) Den Weitergang der Handlung verzögern

2) Vorausahnungen einflechten

3) Empfindungen mitteilen

4) Abgebrochene Sätze, Ausrufe und Fragen einschieben

5) Den Höhepunkt vorbereiten mit „Plötzlich ...“ , „Auf einmal ...“ usw.

6) Evtl. einen Zeitenwechsel auf dem Höhepunkt einschieben

7) Die Spannung wieder abbauen

Beispiele

a) Plötzlich gab es einen Ruck. Auf einmal wackelte das ganze Haus.

b) Ich wurde immer aufgeregter. Ich fürchtete mich immer mehr. Meine Hände wurden feucht.

c) Nun war alles wieder still und friedlich. Die Sonne kam wieder zum Vorschein und die dunklen Wolken verzogen sich rasch.

d) Vorsichtig schaute ich mich um. Alles schien in Ordnung zu sein. Das Zimmer sah aus wie immer.

e) Horch! Was war das? War da nicht ein Brummen zu hören? Oh, du mein Schreck ... Da kam doch ... o nein!

f) O weh, der Berg zittert. Die Vögel fliegen alle davon. Ein lautes Stöhnen und Ächzen durchdringt den Wald.

g) Irgendetwas war anders. Hier stimmte doch etwas nicht.

Eine Erzählung ist nur dann anschaulich und interessant für den Leser, wenn du nicht nur die äußeren Geschehnisse schilderst, sondern auch die inneren Vorgänge. Also das, was die Personen in deiner Erzählung denken und fühlen.

1. *Unterstreiche in der folgenden Erlebniserzählung die Sätze, die dir etwas über die Gefühle und Gedanken der beteiligten Personen verraten.*

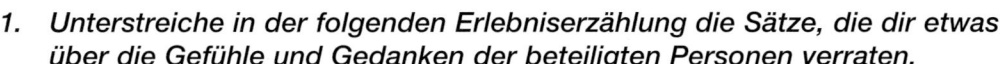

Lucie, Jan und ich haben in den Sommerferien eine Bergwanderung gemacht. Hätten wir geahnt, was passieren würde, wären wir nicht so fröhlich losgezogen.
Die Sonne strahlte vom blauen Himmel auf uns herunter, während wir den Berg hinaufkletterten. Wir hörten die Murmeltiere pfeifen und sahen sie blitzschnell davonlaufen.
Gegen Mittag waren wir auf dem höchsten Punkt angekommen. Wir machten eine ausgiebige Pause, aßen, tranken unseren Saft und erzählten uns Witze. Wir waren so damit beschäftigt, dass wir gar nicht bemerkten, dass die Luft immer nebeliger wurde.
Bald war kein Himmel mehr zu sehen. Es wurde trübe und dunstig. Schnell packten wir unsere Sachen zusammen und machten uns auf den Heimweg. Nebelschwaden zogen auf, immer dichter, immer näher. Die Sicht wurde immer schlechter. Konnte es denn noch schlimmer werden? Ich hatte Angst. Ich glaube, die anderen auch. Schweigsam wanderten wir weiter. Bäume waren nur noch schemenhaft zu erkennen, die Felsen waren alle gleich grau. Selbst den Weg konnte man bald kaum noch erkennen. Mir wurde immer banger.
Uns fiel auf, dass wir schon länger keine Schilder und Wegzeichen mehr gesehen hatten. Wo waren wir denn nur? Waren wir überhaupt noch auf unserem Weg? Wir drängten uns aneinander. Wir trauten uns kaum noch weiterzugehen. Wo waren wir bloß? Wo war der Weg? Alles schien in Watte gepackt zu sein. Alles war totenstill.
„Lasst uns hier stehen bleiben. Weitergehen ist zu gefährlich", flüsterte Jan. Wir hockten uns hin und warteten. Wir waren ganz still, so still wie alles um uns herum. Da, endlich riss die Nebeldecke auf. O Schreck, direkt vor uns war ein Abgrund! Wir hockten nur einen Meter davor. Die Haare stellten sich mir zu Berge. Ich zitterte.

_____

_____

_____

Die inneren Vorgänge erkennst du an dem, was die Personen sagen und an ihren Wünschen, Hoffnungen, Ängsten, an Gestik, Mimik usw.

2. *Ergänze bei dieser Erzählung Überschrift und Schluss.*

*Denke dir Handlungen aus, durch die sich die inneren Vorgänge, die Gedanken
und Gefühle in den beschriebenen Situationen veranschaulichen lassen.
Überlege dir auch, was man in diesen Situationen sagt, ausruft usw.*

a) Du hast dich mit deiner Freundin
    gestritten. Du bist wütend.

_____

_____

_____

_____

b) Es ist mitten in der Nacht.
    Du hast Angst.

_____

_____

_____

_____

c) Deine Oma hat dir ein Geschenk
    mitgebracht. Du freust dich.

_____

_____

_____

_____

d) Es regnet schon den ganzen
    Tag. Du langweilst dich.

_____

_____

_____

_____

Eine Reizwortgeschichte ist eine Erzählung, in der mehrere vorgegebene Wörter eine wichtige Rolle spielen. Sie müssen sich in der Geschichte in der Reihenfolge wiederfinden, in der sie vorgegeben wurden.

Eine Reizwortgeschichte verlangt Fantasie, muss aber dennoch logisch und glaubhaft sein. Wie in jedem guten Aufsatz muss auch hier die Reihenfolge der Ereignisse stimmen.

1. Hier siehst du Marions Reizwortgeschichte.
    Kannst du im Text die Reizwörter wiederfinden?
    Wenn ja, unterstreiche sie.

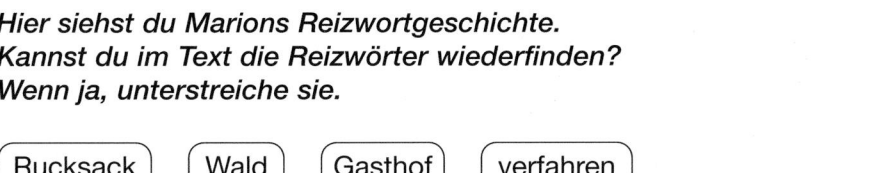

(Rucksack)   (Wald)   (Gasthof)   (verfahren)

Am letzten Samstag hat unser Tanz-Club eine Fahrradtour am Niederrhein gemacht. Niemals hätte ich gedacht, dass es so eine aufregende Fahrt werden würde.

Wir waren kaum losgefahren, da merkte Markus, dass er seinen Rucksack am Treffpunkt liegen gelassen hatte. Er musste zurückfahren, um ihn zu holen. Das dauerte eine Weile, während wir im Gras saßen und uns Geschichten erzählten.
Als wir endlich ein Stück weitergefahren waren, beschmierte sich Lena ihre neue Jeans an der Kette mit Öl. Sie jammerte und weinte fürchterlich, aber es ließ sich ja nicht ändern.
Weit und breit war keine Pfütze und kein Bächlein zu sehen, um den Schlauch einzutauchen. Schließlich half uns Jens mit seiner Wasserflasche aus. Gerade fuhren wir durch einen dunklen Wald mit hohen Fichten und Kiefern, als Jan „einen Platten" hatte.
Als wir zwei Stunden später hungrig und durstig in einem ganz abgelegenen Gasthof einkehren wollten, war dieser geschlossen. Auf der Suche nach einem anderen Wirtshaus haben wir uns dann noch verfahren.

_____

_____

_____

2. An einer Stelle stimmt die Reihenfolge nicht.
    Welcher Satz steht an der falschen Stelle?

3. Ergänze die Überschrift
    und einen guten Schluss.

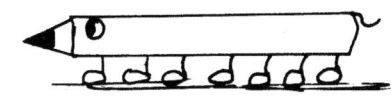

Fantasiegeschichten haben oft einen realistischen Rahmen.
Der Inhalt selbst kann ganz frei erfunden sein.
Er kann fantastisch und völlig unrealistisch sein, aber er muss logisch
aufgebaut sein. Die Gesetze des Erzählens gelten auch hier.

1. **Lies die folgende Geschichte**

Na so was!

Gestern waren Marie und Annie auf der Kirmes. Da saßen sie gemütlich im Eiscafé gleich neben der Geisterbahn und wunderten sich, dass so viele Besucher damit fahren wollten. Da passierte etwas Schreckliches.

Da standen unglaublich viele Leute geduldig in der langen Warteschlange bei der Geisterbahn. Sie lachten, manche zählten ihr Geld, andere schauten in die Ferne.
Da hörte Annie plötzlich ein lautes Rauschen über sich. Als sie aufschaute, sah sie ein großes Ungeheuer mit gelben Augen und weit geöffnetem Maul auf die Leute zufliegen. Sie schrie vor Schreck. Da packte es mit seinen großen Krallen ein junges Mädchen und trug es davon.
Da schauten alle Leute entsetzt hoch. Manche schrien, andere liefen weg. Da gelang es Annie doch tatsächlich hinterherzufliegen, denn sie wollte das Mädchen retten. Aber da gab es einen Rums und sie fiel hin. Da schrie sie vor Schreck laut auf.

Marie saß Annie gegenüber und wunderte sich über ihren Aufschrei. „Ich glaube, du warst gerade eingeschlafen", meinte sie. Tatsächlich, so war es wohl gewesen.
Wie froh war Annie, gemütlich im Eiscafé zu sitzen. Da erzählte sie ihrer Freundin den Traum und beide mussten laut lachen.

2. **Beantworte die Fragen mündlich.**

   a) Wo spielt die Rahmenhandlung?

   b) Wer sind die Personen in der Rahmenhandlung?

   c) Wer sind die Personen in der Fantasiegeschichte?

3. **Was hat dich beim Lesen der Geschichte gestört?**

4. **Ersetze die Satzanfänge durch bessere oder stelle die Sätze um, wenn es möglich ist.**

Beim Erzählen von Geschichten ist es wichtig, verschiedene Satzanfänge zu benutzen. Sonst wird es dem Leser langweilig und es macht ihm keinen Spaß, die Geschichte zu lesen.

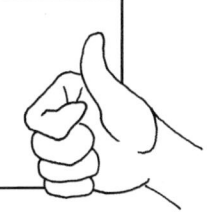

Bei dem „Zu-Ende-Erzählen" einer Geschichte ist zwar Fantasie gefragt, aber der Erzähler darf nicht drauflosfantasieren. Er muss sich an die Vorgaben halten, die ihm in dem ersten Teil der Geschichte gegeben werden.

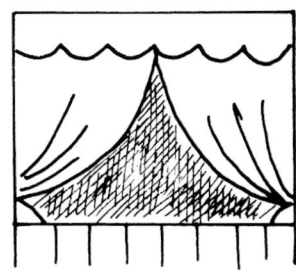

1. Lies diesen Erzählanfang sorgfältig durch.

Stromausfall

Im vergangenen Jahr hat unsere Klasse, die 5b der Goethe-Schule, ein Theaterstück in der Schulaula aufgeführt. Kurz vor Schluss passierte etwas Sonderbares.

Der letzte Teil des Stückes spielte in einer Höhle der Neandertaler. Ich sang gerade ein Lied, als plötzlich ein riesiger Schatten auf der Wand sichtbar wurde. Er wurde immer größer. Ein Wind kam auf. Es wurde ein Sturm daraus, der heftig durch die Halle blies und alle Lampen löschte. Wir saßen im Dunklen …

---

2. *Bevor du die Geschichte zu Ende schreibst, solltest du Folgendes tun:*

a) Schreibe die Informationen, die dir der Text oben gibt, als Stichworte hier auf.

_____

_____

b) Denke dir einen Höhepunkt aus, der zu dem Anfang der Geschichte passt.

_____

_____

c) Überlege dir, wie die Geschichte ausgehen könnte.

d) Nun kannst du die Geschichte in deinem Heft zu Ende schreiben.

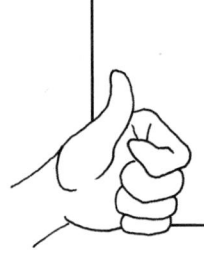

Sprache und Schreibstil sollten dem angefangenen Teil einer Geschichte angepasst sein. Die Weiterführung muss inhaltlich zum ersten Teil passen und in sich logisch sein. Du kannst dir helfen, indem du dir immer wieder Fragen stellst, z. B. *Was kann jetzt Überraschendes passieren? Was ist merkwürdig? Was sehen, fühlen, denken die beteiligten Personen jetzt?*

Ursula Lassert: Wir üben Aufsätze – 5./6. Schuljahr
© Persen Verlag

Leon hat in seiner Traumgeschichte zwei verschiedene Träume erzählt.
Das macht das Lesen und das Verstehen sehr schwierig, sogar fast unmöglich.

1. *Streiche die Sätze durch, die zu einem zweiten Traum gehören.*

Als ich gestern meine Schulaufgaben machte, wurde ich müder und müder.
Gerade als ich von dem Leben der Mönche im Mittelalter las, muss ich
wohl eingeschlafen sein.
Da sah ich, wie viele von ihnen hintereinander durch einen Kreuzgang
gingen, die Kapuzen über den Kopf gezogen, die Hände versteckt in den
weiten Ärmeln ihrer Kutten. Sie murmelten eintönig ihre Gebete.
Die Indianer saßen im Kreis um das Lagerfeuer und beschlossen,
gegen die Weißen zu kämpfen. Plötzlich war ich selbst einer der
Mönche. Weil ich auf einmal ein sonderbares Geräusch hörte,
verließ ich den Kreuzgang, obwohl das nicht erlaubt war. Mit
den Indianern kämpfte ich gegen die Soldaten. Es gelang mir,
viele Pfeile auf sie abzuschießen und gleichzeitig mein Pferd
zu zügeln. Das war nicht einfach. Die Indianer wunderten sich,
wie gut ich kämpfen konnte. Ich schlich durch die verlassenen
Räume und langen Gänge zur Pforte. Was war da so hell dort
drüben? Ein roter Schimmer? Was konnte das sein?
Hastig rannte ich weiter. Schließlich gewannen wir den Kampf.
Da sah ich Flammen aus der kleinen Kapelle schlagen. Sofort rannte ich
zurück zu der kleinen Glocke neben der Pforte und läutete so fest ich konnte. Da stürmten die
anderen Mönche herbei. Gemeinsam kämpften wir gegen das Feuer. Ach, wie heiß es war. Mir
wurde es schrecklich warm.

_____

_____

_____

_____

2. *Erfinde einen guten Schluss zum ersten Traum.*

In jeder Erzählung sollte immer nur ein Ereignis
geschildert werden, sonst wird der Leser verwirrt
und verliert die Freude am Lesen. Auch bei einer
Traumgeschichte gelten die Regeln einer Erzählung.

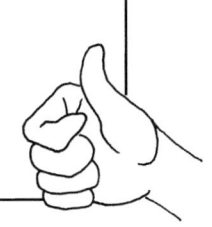

Hier findest du eine Geschichte ohne Worte. Sie besteht aus Bildern, aber so etwas kennst du ja schon. Wie du auch weißt, sind diese Geschichten beliebt, denn sie sind anschaulich und der Betrachter hat das Gefühl, alles gerade in diesem Moment (im Moment des Anschauens) mitzuerleben. In Japan sind Comichefte und Bildergeschichten ganz besonders beliebt, mehr als in jedem anderen Land.

> In Bildergeschichten ist alles schnell zu überblicken und zu erkennen.
> Das Auge gleitet über die Bildchen und erfasst blitzschnell die ganze
> Begebenheit, denn die wichtigsten Punkte des Geschehens sind schon
> vom Zeichner ausgesucht und dargestellt worden.

1. *Bei unserer Bildergeschichte hier sind die Bilder leider durcheinander geraten.
    Ordne sie, indem du die Bilder in der richtigen Reihenfolge nummerierst.*

2. *Gib mit wenigen Stichworten wieder,
    was auf jedem einzelnen Bild zu sehen ist.*

    zu 1) _____

    zu 2) _____

    zu 3) _____

    zu 4) _____

    zu 5) _____

    zu 6) _____

Eine Bildergeschichte enthält die Ausgangssituation, die wichtigsten Schritte zur Pointe, die Pointe und den Schluss. Bevor du nun die Geschichte dazu in Worte fassen kannst, musst du dir überlegen, wer beteiligt ist, wer die wichtigsten Personen sind, was zwischen den Bildern geschieht und welche Gedanken und Gefühle die beteiligten Personen haben.

3. Schau dir noch einmal die Bildergeschichte auf Seite 14 an und überlege:

a) Wo spielt die Geschichte? _____

b) Wann spielt sie? _____

c) Welche Personen sind beteiligt? _____

d) Was ist der Höhepunkt? _____

e) Was geschieht mit den Personen? _____

_____

f) Was könnten die möglichen Gründe, Zusammenhänge, Absichten der einzelnen Handlungen sein?

_____

_____

g) Welche Gedanken und Gefühle mögen die Personen haben? _____

_____

4. Versuche nun, eine Geschichte zu den Bildern aufzuschreiben. Benutze, wenn möglich, auch die wörtliche Rede.

Hier siehst du noch einmal, wie die Satzzeichen bei der wörtlichen Rede sind:

1) Paula ruft: „Klaus, komm schnell her!"
2) „Hast du heute Nachmittag Zeit für mich?", fragt Gundula.
3) „Wann", fragt Johann, „werdet ihr denn kommen?"

Die wörtliche Rede macht eine Erzählung interessant und lebendig.

Ein Bild aus einer Zeitung oder Illustrierten, irgendein gefundenes Foto oder ein selbst gemaltes Bild kann Ausgangspunkt einer Erzählung werden. Hier siehst du ein Bild und Annes Erzählung dazu.

1. *Schau dir die Erzählung genau und kritisch an. Dann kreuze unten an.*

Der Fund

Am letzten Sonntag war ich mit meinem Bruder und meinen Eltern in einem Gartenlokal. Hier erlebte ich eine schöne Überraschung, an die ich noch jetzt gerne zurückdenke.

Wir waren wohl die ersten Gäste an jenem Tag, denn die Tische und Stühle waren noch alle leer. Wir waren sehr wählerisch. Meine Mutter wollte in der Sonne sitzen, mein Bruder nahe am Wasser, ich im Schatten, mein Vater auf der Terrasse. Und so dauerte es eine Weile, bis wir endlich den Tisch gefunden hatten, der uns allen gefiel.
Ich wollte gerade meinen Stuhl zurechtrücken, als ich etwas darauf entdeckte. Nanu, was war denn das? Auf meinem Stuhl lag etwas Schwarzes, Ledernes. Sollte das etwa eine Geldbörse sein? Vorsichtig nahm ich sie hoch. „Schaut mal, ich habe was gefunden!", rief ich erstaunt aus. „Ja so was, das ist ja eine Geldbörse!", rief meine Mutter erschrocken.
„Die ist aber dick", wunderte sich Jan. Vorsichtig schaute ich hinein. „So viel Geld!", rief mein Vater. „Ja, und was mache ich jetzt?", fragte ich. „Jetzt schauen wir mal, ob wir einen Namen oder eine Anschrift finden. Dann können wir die Geldbörse dem Besitzer zurückgeben", erklärte mein Vater. Gesagt, getan.
Wir fanden Namen, Anschrift und Telefonnummer. Sofort riefen wir den Besitzer an. Der kam eine halbe Stunde später in das Gartenlokal. Wie war er froh, sein Geld und seine Geldkarten wiederzubekommen! Zur Belohnung gab er mir 150 Euro.

Ich habe mich sehr darüber gefreut. Von dem Geld werde ich mir etwas Nettes kaufen. Das war wirklich ein sehr schöner Ausflug.

		Ja	Nein
a)	Enthält die Erzählung die drei Bausteine?	☐	☐
b)	Benutzt Anne treffende Ausdrücke?	☐	☐
c)	Hat sie immer dieselben Satzanfänge benutzt?	☐	☐
d)	Erkennt man deutlich den Höhepunkt?	☐	☐
e)	Hat sie spannend erzählt?	☐	☐
f)	Handelt es sich hier um eine Ich-Erzählung?	☐	☐
g)	Benutzt sie wörtliche Rede?	☐	☐

Vielleicht hast du ganz andere Gedanken, wenn du das Bild betrachtest.
Schau es dir noch einmal gut an. Doch bevor du die Erzählung aufschreibst,
solltest du dir ein paar Vorgedanken machen.

2. Ergänze die fehlenden Wörter.

Erzählperspektive, Personen, Ort, Handlung, Zeit, Namen

a) Ich muss die _____ aussuchen, in der die Geschichte spielen soll. (Wann?)

b) Ich muss den _____ aussuchen, wo sie sich ereignen soll. (Wo?)

c) Ich muss die _____ auswählen, die darin vorkommen könnten. (Wer?)

d) Diese müssen _____ bekommen.

e) Ich muss überlegen, ob die _____ lustig, traurig, fantastisch ... sein soll.

f) Ich muss mich für eine _____ entscheiden (Ich- oder Er-/Sie-Perspektive).

3. Schreibe das Erzählgerüst zu deiner Geschichte.

a) Zeit: _____

b) Ort: _____

c) Personen: _____

d) Handlung: _____

_____

e) Erzählziel/Höhepunkt: _____

_____

f) Schluss: _____

_____

g) Erzählperspektive: _____

4. Nun kannst du die Geschichte ausformulieren und aufschreiben.

In der Zeitung vom 15. Juni 2004 befand sich folgende Nachricht:

Gestern Nachmittag musste die Feuerwehr in der Nähe der Autobahnausfahrt Bonn-Beuel zwei Pferde einfangen. Sie waren durch einen frei herumlaufenden großen Schäferhund so erschreckt worden, dass sie über die Umzäunung der Koppel gesprungen und davongelaufen waren. Der Besitzer hatte ihnen nicht schnell genug folgen können. In einer Sackgasse konnten die Tiere schließlich eingefangen werden.

Hier findest du die Geschichte, wie sie einer der Feuerwehrmänner am Abend in sein „Tagebuch für außergewöhnliche Fälle" geschrieben hat:

Gestern am späten Nachmittag erlebten wir einen ganz verrückten Einsatz in Bonn-Beuel.
Es war schon Nachmittag geworden. Der Tag war bis dahin sehr ruhig gewesen. Und ich freute mich schon auf meinen Feierabend.
Gerade hatte ich mich hingesetzt, um meinen Bericht über den Vormittag zu schreiben, als der Anruf kam. Zwei Pferde waren ausgebrochen, nachdem ein frei laufender Schäferhund sie wohl erschreckt hatte. Drei Kollegen und ich fuhren sofort zum Einsatzort.
Es war alles viel schwieriger, als es zunächst ausgesehen hatte. Es gelang den Pferden immer wieder, uns zu entkommen. Sie rannten über mehrere Wald- und Feldwege auf die Stadt zu.
Schon waren sie nicht mehr weit von einer großen Kreuzung entfernt. Die Sache schien gefährlich zu werden. Wir wurden immer nervöser. Wo wollten sie denn noch hin?
Im letzten Augenblick entschlossen sich die Tiere schließlich, in eine schmale Gasse zu laufen, in eine Sackgasse. Das war unser Glück. Mithilfe des Besitzers konnten wir die Tiere allmählich beruhigen.
Inzwischen war ein Pferdetransporter angekommen. Und endlich konnten die Tiere wieder sicher in den Stall gebracht werden. Das war vielleicht aufregend! So etwas brauche ich so schnell nicht wieder.

1. **Beantworte folgende Fragen mit Stichpunkten.**

    a) Wann ereignete sich das Erlebnis? _____

    b) Wo geschah es? _____

    c) Wer war beteiligt? _____

    d) Was geschah? _____

    e) Wie ging die Geschichte aus? _____

2. *Betrachte die Geschichte noch einmal kritisch und beantworte die folgenden Fragen mit ja oder nein.*

a) Ist die Geschichte spannend erzählt? _____

b) Wurden Ausrufe und Fragen verwendet? _____

c) Wurde anschaulich erzählt? _____

d) Sind innere und äußere Vorgänge geschildert? _____

e) Ist der Höhepunkt deutlich zu erkennen? _____

f) Wurde wörtliche Rede verwendet? _____

g) Spricht der Erzähler die Zuhörer an? _____

3. *Erzähle die Geschichte aus der Sicht des Besitzers.*

_____

_____

_____

_____

_____

_____

_____

_____

_____

_____

_____

_____

Eine Geschichte kann aus verschiedenen Perspektiven erzählt werden.
Schreibt man sie also aus der Sicht einer anderen Person auf, muss man bedenken,
dass Personen unterschiedliche Gefühle und Gedanken haben.

In einer **Nacherzählung** wird ein vorgegebener Text mit eigenen Worten erzählt. Die Nacherzählung eines Textes will den Leser nicht nur über das Wichtigste des Textes unterrichten, sondern sie will ihn auch unterhalten.

Der Esel auf Probe (nach Äsop)

Heute Morgen kaufte in einem fernen Land ein Mann einen Esel.
Er kaufte ihn aber nicht endgültig, sondern machte eine Probezeit mit dem Besitzer aus.
Als er mit dem Tier auf seinem Hof ankam, ließ er es frei laufen. Mehrere seiner Esel waren schon bei der Arbeit, andere bei der Abfütterung. Der neue Esel lief sofort zu dem faulsten und gefräßigsten Tier und gesellte sich zu ihm an die Futterkrippe. Als der Mann das sah, nahm er den Strick, legte ihn dem Tier wieder um den Hals und brachte ihn zu seinem ehemaligen Besitzer zurück. „Nanu", staunte der, „so schnell habt Ihr ihn ausprobiert? Wie ist das möglich?" „Ach", antwortete der Mann, „er hat sich sofort den faulsten und gefräßigsten Esel als Genossen ausgesucht. Demnach scheint er ein ganz übler Bursche zu sein. Ich will ihn nicht haben."

Eine Nacherzählung wird anschaulich und interessant gestaltet, aber du musst dich inhaltlich genau an die vorgegebene Geschichte halten. Es darf nichts hinzugedichtet werden.

1. *Schreibe die Erzählschritte der Geschichte hier auf.*

_____

_____

_____

_____

2. *Erzähle die Geschichte nach.*
   Schreibe sie in dein Heft.

In deiner Nacherzählung, die auch aus Einleitung, Hauptteil und Schluss bestehen sollte, müssen folgende Fragen beantwortet werden.

1) Wer ist beteiligt?
2) Wann spielt die Geschichte?
3) Wo spielt sie?
4) Was geschieht?

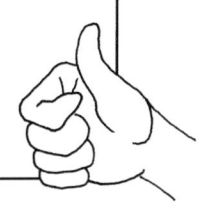

Ursula Lassert: Wir üben Aufsätze – 5./6. Schuljahr
© Persen Verlag

Das ist Sophies Nacherzählung von der Fabel „Der Derwisch*
und der Wolf" von einem unbekannten Verfasser.

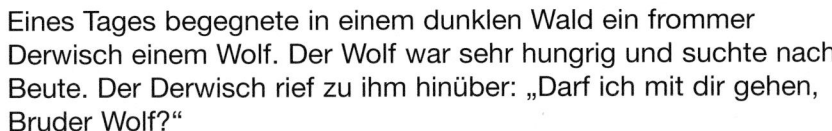

**1. Lies die Nacherzählung kritisch und beantworte
unten die Fragen. Kreuze an.**

Eines Tages begegnete in einem dunklen Wald ein frommer
Derwisch einem Wolf. Der Wolf war sehr hungrig und suchte nach
Beute. Der Derwisch rief zu ihm hinüber: „Darf ich mit dir gehen,
Bruder Wolf?"

„Wenn du nicht zu langsam bist", antwortete der Wolf, „dann
gerne."
Kurz darauf begann der Derwisch auf den Wolf einzureden: „Lieber Wolf. Ich muss dir etwas sagen.
Es ist nicht richtig, was du tust. Du solltest keine unschuldigen Tiere überfallen und töten. Das ist
Unrecht." Der Wolf schien geduldig zuzuhören.

Und der Derwisch wurde immer eifriger. „Wenn du anderen Böses zufügst, wird Gott zornig auf dich
werden. Dann musst du im Jenseits dafür büßen", erklärte er. Noch immer hörte der Wolf zu. Der
Derwisch wurde noch eindringlicher. Da witterte der Wolf eine Schafherde, die in der Nähe weidete,
und das Wasser lief ihm im Munde zusammen.
„Fass dich kurz, lieber Mann", knurrte er. „Ich habe nicht viel Zeit, denn dort hinter dem Berg weldet
eine Schafherde und ich habe großen Hunger. Also halt mich nicht länger auf." Mit diesen Worten
stürmte er davon.
Der Derwisch blieb enttäuscht zurück. „Bosheit und Habgier haben schlechte Ohren, sowohl bei
den Tieren als auch bei den Menschen", murmelte er.

* Derwisch = islamischer Bettelmönch

---

		ja	nein
1)	Ist die Nacherzählung anschaulich und lebendig erzählt?	☐	☐
2)	Hat Sophie wörtliche Rede verwendet?	☐	☐
3)	Hat sie treffende Ausdrücke gebraucht?	☐	☐
4)	Sind die Satzanfänge abwechslungsreich?	☐	☐
5)	Besteht die Erzählung aus Einleitung, Hauptteil, Schluss?	☐	☐
6)	Ist sie im Präteritum geschrieben?	☐	☐

2. Schreibe die wichtigsten Stichworte aus Sophies Geschichte auf.

3. Schreibe mithilfe deiner Stichpunkte eine Nacherzählung zu Sophies Geschichte.

Stichworte können dir helfen,
einen Text nachzuerzählen.

Nebensätze sind ein gutes Mittel, um in recht kurzer einprägsamer Form Erklärungen und zusätzliche Erläuterungen und Beschreibungen abzugeben. Es handelt sich hierbei um Sätze, die nicht allein stehen können. Sie sind von anderen Sätzen abhängig. Du kannst sie leicht daran erkennen, dass das Prädikat bei ihnen immer an der letzten Stelle steht, z. B.: Ich glaube, **dass er heute später kommt**.

Mit **Relativsätzen** kannst du gut einige Erklärungen und Beschreibungen zu Personen, Tieren oder Sachen abgeben. Sie stehen meistens unmittelbar hinter dem Wort, auf das sie sich beziehen. Sie werden eingeleitet mit *der, die, das, welche* ...
Beispiele: *Das Haus,* **das dort steht***, gehört meiner Tante.*
Das Buch, **das du mir gestern gegeben hast***, ist wirklich sehr spannend.*

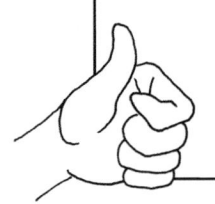

Mit **Temporalsätzen** kannst du gut zeitliche Zusammenhänge erklären. Sie werden eingeleitet mit *als, bevor, nachdem* ...
Beispiele: *Sie kam erst an,* **als ich gehen wollte**.
Bevor er nach Hause ging, *aß er noch ein Stück Kuchen.*

Mit **Kausalsätzen** kannst du kurze Begründungen angeben. Sie werden eingeleitet mit *weil, da* ...
Beispiele: *Er bekam immer größere Angst,* **weil das Knarren nicht aufhören wollte**.
Da es dunkel wurde, *begann sie zu lauten.*

Um welche Sätze handelt es sich hier?
Schreibe ein R (Relativsatz), ein T (Temporalsatz) oder ein K (Kausalsatz) dahinter.

a) Peter, der eigentlich noch lesen wollte, versteckte sich unter der Bettdecke. ____

b) Jan versteckte sich schnell unter der Treppe, als die Tür sich quietschend öffnete. ____

c) Sie aßen ihre Brote, weil sie hungrig waren. ____

d) Sie las gerade ein Buch, als ein heftiger Donner das Haus erzittern ließ. ____

e) Tim, der gerade ins Bad wollte, blieb plötzlich stehen. ____

f) Nachdem er einen Blick in die Zeitung geworfen hatte, rannte er schnell los. ____

g) Sie öffnete vorsichtig die Tür, weil sie neugierig war. ____

h) Lea, die sich sonst nie fürchtet, zitterte am ganzen Körper vor Angst. ____

i) Er wollte das Haus nicht betreten, da alle behaupteten, dass es darin spuke. ____

> Mit Nebensätzen kannst du Zusammenhänge gut verdeutlichen.

Viele Schülerinnen und Schüler verwenden in ihren Aufsätzen Wörter wie *machen,*
tun, gehen, sehen usw. Das ist nicht nur langweilig, sondern macht es
dem Leser auch schwer, sich die Situation genau vorzustellen.
Dann verliert er schnell die Lust, weiterzulesen.
Das wäre schade.

Suche bessere Ausdrücke für „machen".
Manchmal gibt es mehrere Möglichkeiten.

1) Licht anmachen – _____

2) aufmachen – _____

3) zumachen – _____

4) Feuer anmachen – _____

5) in einem Haus Ordnung machen – _____

6) totmachen – _____

7) jemandem Angst machen – _____

8) eine Sache zu Ende machen – _____

9) sauber machen – _____

10) etwas wieder ganz machen – _____

11) jemanden gesund machen – _____

12) den Frühstückstisch machen – _____

13) eine Fotokopie machen – _____

14) ein Papier in Stücke machen – _____

15) ein Buch aufmachen – _____

16) einen Aufsatz machen – _____

17) Rasen machen – _____

Treffende ausdrucksstarke Wörter sorgen dafür,
dass eine Erzählung anschaulich und interessant wird.

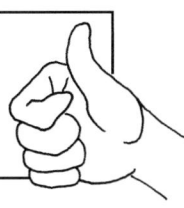

1.   *Hier sind vier Wortfelder durcheinandergeraten.*
     Ordne die Wörter.

nagen, blitzen, naschen, plätschern, opfern, strahlen, frühstücken, glitzern, sprühen,
kosten, prasseln, glühen, stiften, hinunterschlingen, blinken, einnehmen, flimmern, überreichen, knabbern, liefern, tröpfeln, scheinen, leihen, nieseln, übergeben, hageln, schenken,
gießen, futtern, mitbringen, schillern, schlecken, tropfen, gleißen, strömen, anbieten

essen	geben	leuchten	regnen

2.   *Suche jeweils mindestens drei andere*
     Ausdrücke mit einer ähnlichen Bedeutung.

schnell: _____

stark: _____

schön: _____

zart: _____

Oft ist es ganz reizvoll, wenn sprachliche
Bilder verwendet werden, anstelle
von direkten Ausdrücken.

Hier findest du eine ganze Reihe solcher Ausdrücke.
Schreibe daneben, was sie bedeuten.

1) Es wächst ihm über den Kopf. – _____

2) Sie lässt den Kopf hängen. – _____

3) Das Wasser steht ihm bis zum Hals. – _____

4) Mir drückt der Schuh. – _____

5) Es ging ihm an den Kragen. – _____

6) Er warf das Geld zum Fenster hinaus. – _____

7) Sie spielte mit dem Feuer. – _____

8) Er steckte den Kopf in den Sand. – _____

9) Sie war auf dem Holzweg. – _____

10) Ich fiel aus allen Wolken. – _____

11) Sie schwimmen im Geld. – _____

12) Die Sache hat einen Haken. – _____

13) Ich biss die Zähne zusammen. – _____

14) Sie trug die Nase sehr hoch. – _____

15) Er machte große Augen. – _____

16) Er spitzte die Ohren. – _____

17) Sie traf den Nagel auf den Kopf. – _____

Sprachliche Bilder machen eine Sache
sehr anschaulich. Sie helfen dir auch,
Wiederholungen zu vermeiden.

Ursula Lassert: Wir üben Aufsätze – 5./6. Schuljahr
© Persen Verlag

Wer eine Geschichte liest, kann sich alles besser vorstellen, wenn es so genau wie möglich beschrieben ist. Deshalb ist es gut, immer wieder **Vergleiche** heranzuziehen.

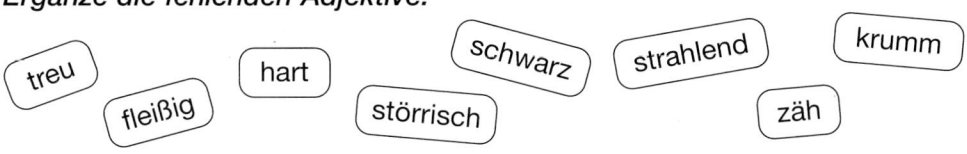

1. Ergänze die fehlenden Adjektive.

treu   fleißig   hart   störrisch   schwarz   strahlend   zäh   krumm

a) _____ wie eine Biene

b) _____ wie Pech

c) _____ wie ein Hund

d) _____ wie Stein

e) _____ wie Leder

f) _____ wie ein Esel

g) _____ wie eine Banane

h) _____ wie die Sonne

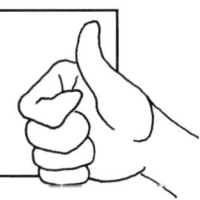

> Wenn du anschaulich und bildhaft formulieren willst, helfen dir auch Vergleiche.

Wenn bildhafte Ausdrücke nicht als Vergleich benutzt werden, sondern wenn sie selbstständig und allein stehen, spricht man von einer **Metapher**.

2. Ergänze die fehlenden Wörter.

a) Das Haus stand am _____ des Berges.

b) Vater ist das _____ einer großen Familie.

c) Julia ist die rechte _____ ihres Chefs.

d) Der Fluss teilt sich in mehrere _____ .

e) Leg dem Pferd das _____ an.

f) Die Blumen lassen die _____ hängen.

g) Der Titel steht auch auf dem _____ des Buches.

h) Klaus bekommt morgen eine _____ beim Zahnarzt.

Fuß   Haupt   Krone   Hand   Arme   Köpfe   Geschirr   Rücken

> Mit Metaphern kannst du mit wenigen Worten einen starken Eindruck vermitteln. Metaphorische Formulierungen machen einen Text anschaulich.

Es ist wichtig, immer alles möglichst genau zu schildern. Dann kann der Leser sich alles gut vorstellen und er wird sich an dem Text erfreuen können. Das kannst du nicht nur mit Vergleichen und interessanten Redensarten erreichen, sondern auch mit zusammengesetzten Wörtern.

Mit zusammengesetzten Wörtern kannst du genauer und anschaulicher beschreiben und erklären.

1. *Hier findest du Vergleiche, die du natürlich so, wie sie hier stehen, verwenden kannst. Du kannst sie aber auch verkürzen, indem du sie zusammensetzt. Wie heißen sie dann?*

    a) gelb wie Gold – _____

    b) weich wie Butter – _____

    c) blau wie der Himmel – _____

    d) alt wie Stein – _____

    e) schwarz wie ein Rabe – _____

    f) lang wie eine Elle – _____

    g) groß wie ein Riese – _____

    h) kalt wie Eis – _____

    i) scharf wie ein Messer – _____

    j) hoch wie ein Turm – _____

    k) rot wie Blut – _____

2. *Hier ergeben sich sieben zusammengesetzte Wörter, die auch dann ein sinnvolles Wort ergeben, wenn man ihre Reihenfolge ändert. Schreibe sie auf.*
    Beispiel: Dachziegel – Ziegeldach

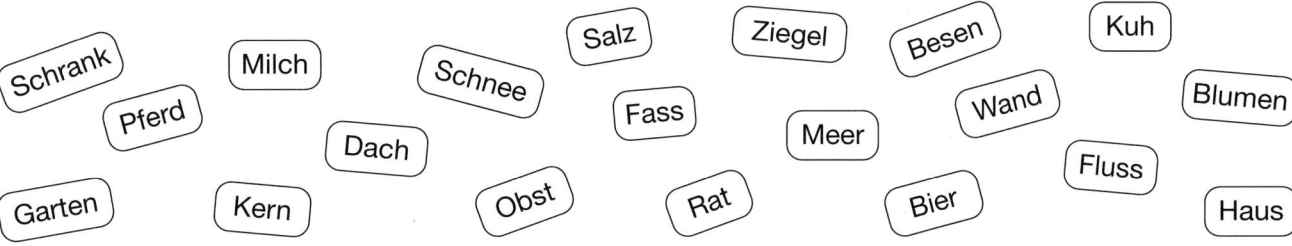

Schrank   Milch   Schnee   Salz   Ziegel   Besen   Kuh
Pferd   Dach   Fass   Meer   Wand   Blumen
Garten   Kern   Obst   Rat   Bier   Fluss   Haus

Egal, um welche Art von Erzählung es sich handelt, einige Bedingungen müssen alle (Fantasie-, Erlebnis-, Traumerzählung, Reizwortgeschichte usw.) erfüllen, wenn sie zu den Erzählungen gehören sollen, die den Leser erfreuen und die dieser gerne und mit Interesse liest.

Leider haben sich einige Aussagen dazwischengemogelt, die falsch sind. Schreibe jeweils falsch (f) oder richtig (r) hinter die Sätze. Dann streiche die falschen durch.

1) Es sollte lebendig erzählt werden.   ___

2) Anschauliche Ausdrücke sollten verwendet werden.   ___

3) Es sollte nur immer ein Ereignis erzählt werden.   ___

4) Ausrufe und Fragen machen die Erzählung anschaulicher und nachvollziehbarer.   ___

5) Genauere Beschreibungen sind durch zusammengesetzte Wörter möglich.   ___

6) Verwendung von wörtlicher Rede macht eine Geschichte lebendig.   ___

7) Viele kurze Sätze machen mehr Spaß.   ___

8) Ansprechen des Lesers lässt diesen intensiv am Geschehen teilhaben.   ___

9) Die Reihenfolge der Ereignisse muss nicht immer stimmen.   ___

10) Die Geschichten müssen in sich logisch sein, auch wenn sie unrealistisch sind.   ___

11) Immer gleiche Satzanfänge sollten vermieden werden.   ___

12) Es können manchmal auch zwei Ereignisse gleichzeitig erzählt werden.   ___

13) Ein guter Schluss führt bald aus der Geschichte hinaus.   ___

14) Es müssen innere und äußere Vorgänge geschildert werden.   ___

15) Ausrufe und Fragen in einer Erzählung sind unnötig.   ___

16) Treffende Verben machen die Geschichte interessanter.   ___

17) Der Höhepunkt ist die entscheidende Stelle in jeder Erzählung, der sorgfältig vorbereitet werden muss.   ___

18) Es genügt die Schilderung der äußeren Vorgänge, die inneren kann man sich ja denken.   ___

19) Die Verwendung von Nebensätzen macht Zusammenhänge deutlich.   ___

20) Metaphern vermitteln einen lebhaften Eindruck vom Geschehen.

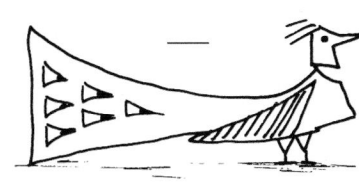

Ihr habt nun schon viele, viele Hinweise bekommen, wie man eine spannende und interessante Erzählung schreibt. Da man es aber kaum schaffen kann, alle Hinweise gleichzeitig zu beachten, sollte man sich seinen fertigen Text unbedingt noch einige Male durchlesen und Verbesserungen vornehmen.
Oft ist es hilfreich, seinen Text von anderen Personen lesen zu lassen, die dir Tipps zur Verbesserung geben können. Eine Methode ist die „Schreibkonferenz":

1. *Bildet Überarbeitungsteams.*

   Vier oder fünf Schülerinnen und Schüler setzen sich zusammen an einen Tisch.

2. *Benutzt Karteikarten.*

   Darauf schreibt die Gesichtspunkte auf, nach denen eure Erzählungen unter-
   sucht werden sollen. Dabei erhält jeder Gesichtspunkt eine eigene Karte.
   Gesichtspunkte könnten sein:
   - Abwechslungsreiche Satzanfänge
   - Treffende Adjektive und Verben
   - Wörtliche Rede
   - Eine interessante Überschrift
   - Reihenfolge einhalten usw.

3. *Verteilt die Karten an die Teammitglieder.*

   Jeder übernimmt einen Gesichtspunkt. Gebt nun eure Geschichte an euren
   rechten Tischnachbarn. Er liest sie durch und macht zu seinem Kartenschwer-
   punkt Verbesserungsvorschläge, die er mit Bleistift einträgt oder auf einen
   Extra-Zettel schreibt. Wenn ihr findet, dass jemandem ein Satz usw. besonders
   gut gelungen ist, könnt ihr das natürlich auch vermerken!
   Ist ein „Spezialist" fertig mit einer Geschichte, gibt er sie nach rechts zum
   nächsten Nachbarn weiter.

4. *Setzt die Anregungen für eure Geschichte um.*

   Wenn alle ihre Tipps abgegeben haben und ihr wieder euren Text vor euch
   habt, könnt ihr eure Geschichte verbessern.

5. *Lest euch die verbesserten Geschichten vor.*

   Bevor ihr eine Reinschrift anfertigt, liest jeder noch einmal seine Geschichte
   den anderen im Team vor. Jetzt können noch einmal Vorschläge zur Verbesserung gemacht werden. Dabei ist es wichtig, dass ihr nicht nur sagt:
   „Die Geschichte gefällt mir immer noch nicht."
   Ihr solltet euch bemühen, konkrete Stellen zu nennen und Anregungen zu
   geben, wie man sie besser machen könnte. Und auch hier gilt: Lob hört
   jeder gerne. Wenn euch also etwas gut gefällt, dann sagt dies auch!

Ihr habt nun schon viele, viele Hinweise bekommen, wie man eine spannende und interessante Erzählung schreibt. Da man es aber kaum schaffen kann, alle Hinweise gleichzeitig zu beachten, sollte man sich seinen fertigen Text unbedingt noch einige Male durchlesen und Verbesserungen vornehmen.
Oft ist es hilfreich, seinen Text von anderen Personen lesen zu lassen, die dir Tipps zur Verbesserung geben können. Eine Methode ist die „Textlupe":

1. *Tausche deine Erzählung mit einem Mitschüler aus.*

2. *Lies dir die Geschichte in Ruhe durch.*

3. *Es gibt zwei Überarbeitungsdurchgänge:*
   In Durchgang 1 achtest du auf die Handlung der Geschichte,
   in Durchgang 2 auf die Sprache und den Stil:

Handlung:	Sprache und Stil:
• Stimmt die Abfolge der Erzählschritte?	• Wo gibt es gleichförmige Satzanfänge? Wie lassen sie sich beheben?
• An welchen Stellen ist etwas erklärungsbedürftig?	• Wo lässt sich gut wörtliche Rede (Äußerungen, Gedanken) einfügen?
• War das Ende überraschend?	• An welchen Stellen schlägst du anschaulichere Verben oder Adjektive vor?
• Hast du Verbesserungsvorschläge für die Einleitung, den Höhepunkt oder das Ende?	• Lässt sich die Überschrift verbessern?

4. *Mache am Rand Bleistiftnotizen. Verwende folgende Abkürzungen:*

   + = Gelungen   Ä = Ändern   W = Weglassen   E = Ergänzen

5. *Wenn ihr fertig seid, tauscht eure Erzählungen zurück und überarbeitet eure Geschichte.*
   Ihr entscheidet, ob ihr die Vorschläge eures Partners übernehmen wollt.

Im Schwimmbad
Letzten Montag war ich mit Susi im Freibad. Es war ein sehr heißer Tag und wir freuten uns darauf, bald ins Wasser springen zu können. Leider kam es nicht dazu! Wir fuhren mit dem Fahrrad los. Wir brauchten zwanzig Minuten. Als wir ankamen, breiteten wir unsere Decke aus und wir legten uns noch einen Moment hin. Als es uns aber zu heiß wurde, wollten wir schwimmen gehen. Als wir losgingen ...

Ä = weckt nicht das Interesse des Lesers.

+ = Deine Einleitung ist gut. Alle Fragen werden beantwortet.

W = Das ist für den Leser nicht wichtig.

Ä = Satzanfang ist 3-mal gleich. Vorschlag: Bald wurde es uns aber zu heiß und wir wollten schwimmen gehen. Also gingen wir los ...

Ursula Lassert: Wir üben Aufsätze – 5./6. Schuljahr
© Persen Verlag

Briefe werden aus den unterschiedlichsten Gründen geschrieben.
Hier findest du einige. Aber es fehlen Silben.
Ergänze sie.

Der Schreiber will …

a) dem Leser ein Er _____ erzählen.

b) ihm _____ tionen mitteilen.

c) ihm ein Pro _____ erläutern.

d) ihn zu einer Feier _____ den.

e) sich bei ihm _____ digen.

f) ihn um Informationen _____ ten.

g) sich bei ihm beschwe _____ .

h) ihn von etwas über _____ .

i) ihn zu etwas _____ reden.

j) ihn um einen Ge _____ oder eine Sache bitten.

blem   *über*   *lebnis*   *Informa*   *bit*   *ren*   *einla*   *entschul*   *fallen*   *zeugen*

2. *Ergänze den Merksatz.*

Inhalt und _____ eines _____ hängen vom

_____ und vom _____ ab.

Aber alle sollten in höflichem und freundlichem Ton geschrieben sein.

Adressaten   *Zweck*   *Formulierung*   *Briefes*

3. *Was möchte Ulla mit diesem Brief erreichen?*

Ulla Mandl
Am Platzl 2
80331 München   03.10.04

Lieber Hannes,
hiermit möchte ich mich noch einmal bei dir dafür entschuldigen, dass ich deine CD
verloren habe. Es tut mir wirklich leid. Sobald ich genug Geld zusammen habe, kaufe
ich dir eine neue CD und schicke sie dir.
Sei herzlich gegrüßt von deiner Ulla

Briefe werden heute nicht mehr nur von Hand oder mit dem Computer auf Papier geschrieben, sondern sie werden gleich als Mails weitergeleitet, sei es vom Computer oder vom Handy aus.

Kurzmitteilungen werden oft als SMS verschickt. Während du bei letzteren sogar die Anrede oder den höflichen Gruß weglassen kannst, bestehen E-Mails aus denselben Teilen wie ein Brief auf Papier.

1. *Dies sind die Teile, die ein Brief enthalten sollte, wobei jedoch bei E-Mails der Absender entfällt, da er eingespeichert ist. Setze die Silben richtig zusammen.*

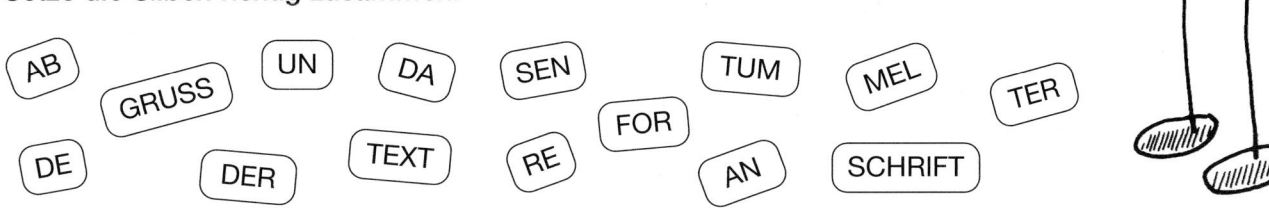

AB   GRUSS   UN   DA   SEN   TUM   MEL   TER

DE   DER   TEXT   RE   FOR   AN   SCHRIFT

_____

_____

_____

2. *Welche Teile fehlen bei dem folgenden Brief? Ergänze sie.*

Anne Klein
Karlstr. 3
40 210 Düsseldorf

Seit einer Woche bin ich bei meiner Tante in den Ferien. Es gefällt mir hier sehr gut. In dieser Stadt ist viel los. Schade, dass du nicht hier bist. Dann wäre es noch lustiger.

Anne

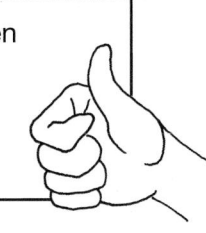

Bei der **höflichen Anrede** werden alle Anredepronomen (Sie, Ihnen, Ihre ...) **großgeschrieben**.
Bei der **vertrauten Anrede** (du, ihr, dein ...) werden alle Anredepronomen **kleingeschrieben**.
Das ist auch bei der SMS zu beachten.

Einladungen sind eine Mischform aus persönlichem und sachlichem Brief.
Sie sollten freundlich abgefasst sein und zum Ausdruck bringen, dass der
Einladende sich auf seine Gäste freut. Aber sie müssen auch sachliche
Informationen enthalten, damit der Empfänger Bescheid weiß und nicht
nachfragen muss.

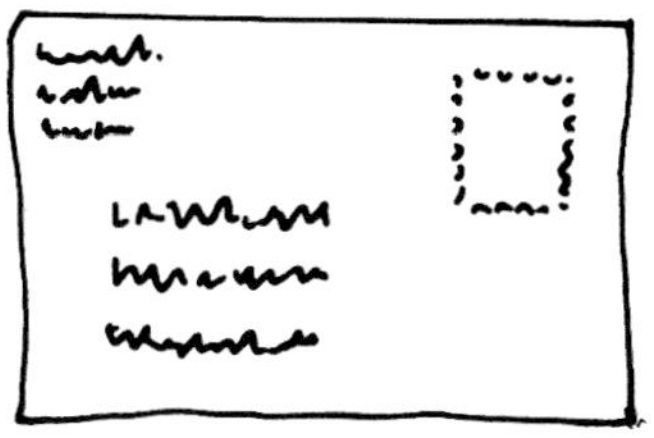

Das sollte in einer Einladung enthalten sein:
- das Datum rechts oben
- die persönliche Anrede links
- das Datum der Feier
- der Ort
- die Zeitangabe über Anfang und Ende der Feier
- eine Wegbeschreibung und das Aufzählen von Verkehrsverbindungen
- eine freundliche Grußformel und Unterschrift am Schluss

1. **Hier findest du zwei Einladungen.**
   Lies sie dir kritisch durch.

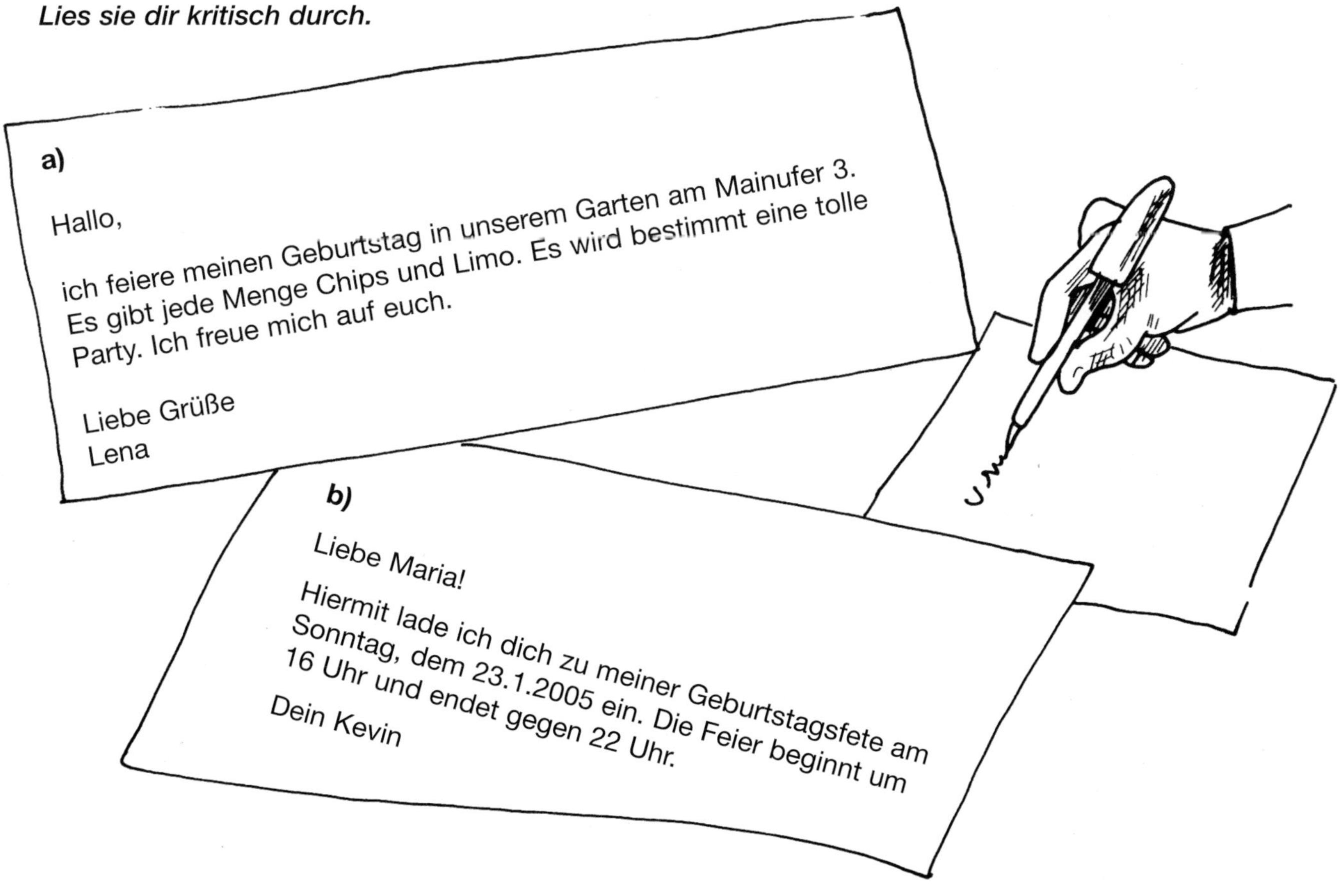

a)

Hallo,

ich feiere meinen Geburtstag in unserem Garten am Mainufer 3.
Es gibt jede Menge Chips und Limo. Es wird bestimmt eine tolle
Party. Ich freue mich auf euch.

Liebe Grüße
Lena

b)

Liebe Maria!

Hiermit lade ich dich zu meiner Geburtstagsfete am
Sonntag, dem 23.1.2005 ein. Die Feier beginnt um
16 Uhr und endet gegen 22 Uhr.

Dein Kevin

2. **Enthalten die Einladungen alle nötigen Informationen?**

3. **Schreibe selbst eine Einladung.**

 Nach der Anrede ist es üblich, ein Komma
zu setzen und klein weiterzuschreiben.

Entschuldigungen sind sachliche Briefe. In diesen Briefen wird etwas erklärt, es wird ein Grund angegeben. Außerdem muss dein Bedauern ausgedrückt werden, wenn du an etwas nicht teilnehmen kannst oder wenn dir ein Missgeschick passiert ist. Wenn du etwas kaputt gemacht hast, solltest du deine Bereitschaft ausdrücken, es zu reparieren oder zu ersetzen.

Entschuldigungsbriefe müssen sachlich und sprachlich korrekt sein. Die äußere Form muss stimmen.
Das trifft auch auf E-Mails und SMS zu.

1. Welches der folgenden Entschuldigungsschreiben ist sachlich, sprachlich und in der äußeren Form korrekt?

Laura Schramm
Reiherweg 20
24159 Kiel   24.01.05

Hallo,
gestern bin ich die Treppe hinuntergefallen. Dabei habe ich mir die linke Hand verletzt. Deshalb konnte ich leider nicht zur Geigenstunde kommen.
Ciao
Ihre Laura Schramm

Ulla Glas
Hofmannstr. 17
81379 München   15.05.05

Sehr geehrte Frau Reiter,
leider konnte ich gestern nicht zum Klavierunterricht kommen, da ich mit dem Fahrrad gestürzt bin und mir dabei den linken Zeigefinger gebrochen habe. Ich bitte Sie, mein Fehlen zu entschuldigen.
Mit freundlichen Grüßen
Ulla Glas

2. Schreibe selbst einen Entschuldigungsbrief.

Ursula Lassert: Wir üben Aufsätze – 5./6. Schuljahr
© Persen Verlag

In einem **persönlichen Brief** geht der Briefschreiber auf den Empfänger ein.
Er wendet sich an ihn und spricht ihn direkt an. Er bedankt oder entschuldigt sich
zunächst für etwas, dann geht er zu dem eigentlichen Text über, in dem er dem
Leser etwas berichtet.

1. *Gestern schrieb Florian seinem Freund Max eine E-Mail.*
   Unterstreiche alle Stellen, an denen der Schreiber den Leser direkt anspricht.

> Lieber Max,
>
> leider konnte ich dich in den Herbstferien nicht besuchen, weil ich kurz vor-
> her krank geworden bin. Das tut mir wirklich sehr leid. Sicher warst du auch
> sehr enttäuscht. Und für das Buch, das du mir geschickt hast, möchte ich
> mich herzlich bedanken.
>
> Ich musste mehrere Tage im Bett liegen. Wie du dir denken kannst, war das
> sehr langweilig. Zuerst war ich fürchterlich schlapp, weil ich hohes Fieber
> hatte. Aber als es mir wieder besser ging, kam mir die Zeit im Bett doch
> sehr lang vor. Zum Glück bekam ich öfter Besuch von meinen Klassenkame-
> raden. Sie brachten mir CDs und Kassetten mit, die ich mir anhören konnte.
>
> Vorgestern zu unserem Fußballspiel gegen die 6a war ich wieder fit. Welch
> ein Glück! Stell dir vor, ich habe sogar ein Tor geschossen. Und denk nur,
> wir haben schließlich sogar gewonnen. Mein kleiner Bruder war ganz stolz
> auf mich. Er lässt dich übrigens herzlich grüßen. Wenn ich dich am Sonntag
> anrufe, erzähle ich dir alles ganz genau.
>
> Bis dahin grüßt dich
> dein Florian

2. *Schau dir den Brief noch einmal kritisch an und*
   beantworte die folgenden Fragen mit ja oder nein.

   a) Hat Florian klar und verständlich geschrieben? _____

   b) Hat er verschiedene Satzanfänge gebraucht? _____

   c) Hat er immer dieselben Verben gebraucht? _____

   d) Hat er ausdrucksstarke Verben gebraucht? _____

   e) Kann Max sich nun aufgrund des Textes gut vorstellen, wie es Florian ergangen ist? _____

   f) Hat Florian Nebensätze eingeschoben, um Zusammenhänge zu verdeutlichen? _____

   g) Hat er Ausrufe benutzt? _____

Der **sachliche Brief**, den man auch Geschäftsbrief nennt, muss sachlich und sprachlich korrekt sein, auch wenn er als E-Mail geschickt wird. Die äußere Form muss eingehalten werden. Dazu gehört im Gegensatz zu dem persönlichen Brief, dass auf dem Briefbogen oben links der eigene Name mit Anschrift und Telefonnummer angegeben werden sollte. Wenn vorhanden, können dort auch Faxnummer und E-Mail-Adresse stehen. Er sollte auch eine Betreffzeile enthalten, in der das Anliegen kurz angedeutet wird.

1. Lies den Brief und überlege, ob du ihn so abschicken würdest.

An den Verkehrsverein von München   Düsseldorf, den 05.03.04

Hallo,

wir, die 5a aus Düsseldorf, haben eine Klassenfahrt nach München vor, da wir die Stadt fürchterlich mögen. Schickt uns doch ein paar Prospekte rüber. Dann können wir besser planen.

Ihre 5a

2. Schau dir den Brief ganz kritisch an und überlege mündlich folgende Fragen.

a) Enthält er den Betreffsatz?
b) Enthält er den Absender?
c) Ist die Anrede höflich?
d) Ist der Brief höflich formuliert?

e) Ist Schrift- oder Umgangssprache verwendet worden?
f) Sind persönliche Gefühle ausgedrückt?
g) Ist ein abschließender freundlicher Gruß vorhanden?
h) Ist er sachlich?

3. Ergänze den Merksatz.

Höfliche   Geschäftsbrief   verständlich   Umgangssprache   Unterschrift   Wesentliche   persönliche

a) Ein _____ sollte sachlich und höflich gehalten sein.

b) Er muss klar und _____ sein.

c) Es sollte die Schrift- und nicht die _____ verwendet werden.

d) Es wird die Betreffzeile eingefügt, in der kurz das _____

   (der Grund, das Anliegen, der Wunsch ...) angedeutet wird.

e) Gefühlsäußerungen und _____ Erlebnisse sollten nicht darin enthalten sein.

f) _____ Grußformel und _____ mit Vor- und Nachnamen

   runden den Brief ab.

Immer wieder kommt es vor, dass man Gegenstände beschreiben muss: Vielleicht, weil man jemandem seinen Geburtstags- oder Weihnachtswunsch erklären will, oder weil man etwas verloren hat.
Sollen diese Beschreibungen gelingen, müssen einige Punkte beachtet werden.

1. *Hier findest du drei Beschreibungen eines Füllers.*
   Lies sie sorgfältig durch.

   a) Vor mir liegt mein neuer Füller. Er ist schwarz
   und golden und schreibt sehr gut.

   b) Gestern habe ich einen neuen Füllfederhalter geschenkt
   bekommen. Er ist ungefähr 14 cm lang.
   Er ist überall fast gleich dick, nur ganz oben und ganz unten
   verjüngt er sich ein wenig. Er ist aus schwarzem Kunststoff.
   Unten schließt er mit einer goldenen Fläche ab.
   Die Füllerkappe hat am unteren Ende ein goldenes Rändchen und
   schließt ebenfalls oben mit einer goldenen Fläche ab. Die Klemme
   besteht aus demselben goldenen Metall wie die beiden Enden und
   das Rändchen an der Kappe.
   Wenn ich diese abziehe, erscheint eine goldene Feder mit
   dem Firmenstempel darauf. Die 3 cm lange Grifffläche des Füllers
   besteht aus einem stumpfen matten Kunststoff, damit die Finger
   einen besseren Halt haben. Im Augenblick befindet sich eine
   Patrone mit schwarzer Tinte im Füllfederhalter.

   c) Gestern hat mir meine Oma einen neuen Füller geschenkt.
   Er ist ungefähr 14 cm lang. Er ist sehr schlank und hübsch.
   Im Moment ist eine Patrone mit blauer Tinte darin.

2. *Bei welcher Beschreibung kannst du*
   dir den Füller am besten vorstellen?
   Warum? Begründe mündlich.

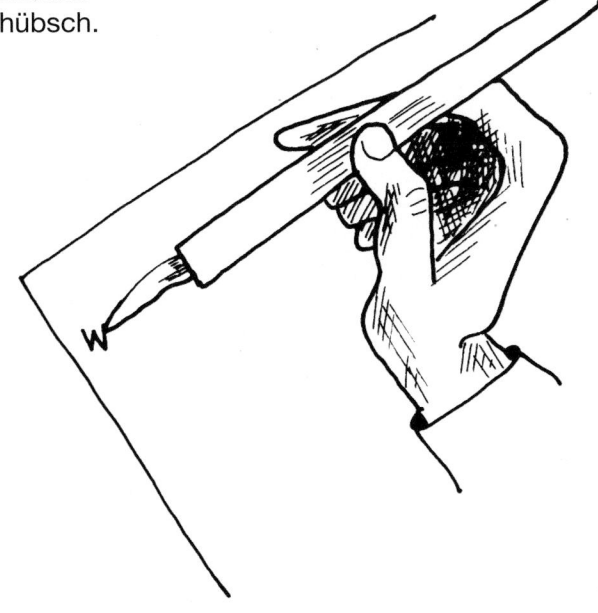

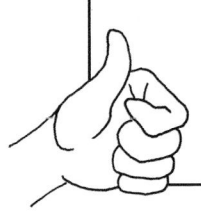

Bei einer Beschreibung sollten die einzelnen
Teile, das Material, die Größe, die Form, die Farbe,
die Handhabung und die Funktion so genau wie
möglich beschrieben werden.

Gegenstandsbeschreibungen sollten sachlich und klar sein. Die einzelnen Teile müssen richtig benannt werden. Es ist gut, vor der Beschreibung Stichworte zu sammeln.

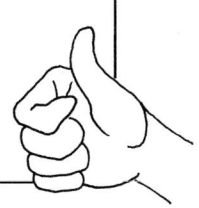

1. **Lies die Stichworte, die sich Tim zu seinem Fahrrad aufgeschrieben hat:**

Herrenfahrrad, 27-Zoll-Räder, 5-Gang-Schaltung, schwarzer Sattel, schwarzer Gepäckträger, schwarzes Gestell, schwarze Schutzbleche, runde Schlussleuchte und Rückstrahler, rasselnde silberne Klingel

2. **Schreibe die wesentlichen Merkmale deines Fahrrades hier auf.**

_____

_____

_____

3. **Fertige zu Tims oder zu deinen Stichworten eine Beschreibung an. Schreibe sie in dein Heft.**

4. **Schreibe die Merkmale deines Füllers auf. Suche dir dann noch zwei weitere Gegenstände aus (Schal, Inlineskates …), dessen Merkmale du in die Tabelle einträgst.**

	Füller		
a) Größe			
b) Form			
c) Material			
d) Farbe			

5. **Fertige zu einem dieser drei Gegenstände eine Beschreibung an.**

Beschreibe möglichst genau. Gehe dabei vom Allgemeinen zum Besonderen, von deutlichen Merkmalen zu Einzelheiten.

Tierbeschreibungen können ganz verschieden aussehen.
Form und Inhalt richten sich nach dem Zweck der Beschreibung.

1. Gib den folgenden Texten den passenden Buchstaben.

a) Brieftext
b) Suchanzeige
c) Verkaufsangebot
d) Beschreibung aus Biobuch

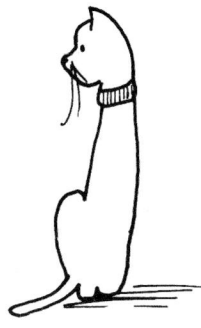

___ Wiesel sind kleiner als Marder und Iltisse. Aber sie sind ebenso mutige und geschickte Räuber. Der Körper ist aalartig gestreckt, die Beine sind niedrig. Das ermöglicht ihnen, in die Gänge von Mäusen und Maulwürfen einzudringen. Das Wiesel hat ein braunrotes erdfarbenes Fell, das an der Unterseite heller ist.

___ Gestern habe ich zum ersten Mal in meinem Leben einen Maulwurf gesehen. So ein kleiner Maulwurf sieht einfach niedlich aus. Er ist ungefähr 15 cm lang und hat die Form einer kleinen Walze, die vorne spitz zuläuft. Vorne ragen zwei kleine niedliche Händchen aus dem schwarzen samtartigen Pelz, deren nackte Innenflächen nach hinten gerichtet sind. Die kurzen Fingerchen haben lange, scharfe Krallen. Vorne am Kopf hat er einen spitzen Rüssel. Seine Augen liegen so im dichten Pelz versteckt, dass ich sie nicht sehen konnte.

___ Am Sonntag ist unsere Katze entlaufen. Sie ist ziemlich klein und vollkommen schwarz. Nur auf der Stirn und auf der linken Vorderpfote hat sie einen kleinen weißen Fleck. Sie hört auf den Namen Strolch. Der Finder bekommt eine Belohnung. Bitte abgeben bei Jonas Müller, Südstr. 6, 86179 Augsburg.

___ Kleines niedliches Zwergkaninchen mit schwarzen Augen und braunem Fell preiswert abzugeben. Es ist jung und gesund. Es hat eine süße kleine rosa Zunge und ein winziges Stummelschwänzchen. Es kuschelt gerne und ist so richtig zum Liebhaben.

Eine Beschreibung muss so deutlich wie das Bild des Tieres sein. Treffende Verben und Adjektive sind dabei besonders wichtig.

2. Setze eine eigene Suchanzeige oder Verkaufsanzeige für ein Tier auf. Schreibe sie in dein Heft.

Eine ausführliche Tierbeschreibung enthält nicht nur Bemerkungen über das Äußere des Tieres, sondern auch Einzelheiten über seine Bewegungen und sein Verhalten.

3. *Fertige anhand der folgenden Notizen eine Beschreibung von Peters Meerschweinchen an.*

<u>Aussehen:</u> so groß wie ein Zwergkaninchen, wuscheliges schwarzes Fell mit weißen und braunen Flecken, dick, kuschelig, lange Barthaare, große Knopfaugen, große runde Ohren, an den beiden Vorderfüßen je vier Zehen, an den beiden Hinterfüßen je drei Zehen, keinen Schwanz

<u>Verhalten und Gewohnheiten:</u> gerne mit anderen Meerschweinchen zusammen, schläft viel, am liebsten in einer dunklen Ecke, klettert gerne, spielt viel, schmust gerne, frisst Heu, Gemüse, Salat, Äpfel, am liebsten aber Möhren

_____

_____

_____

_____

_____

_____

_____

_____

4. *Ergänze die Tipps für eine gute Tierbeschreibung.*

a) Die Angaben sollten klar, _____ und genau sein.

b) Es sollten _____ Substantive verwendet werden.

c) _____ sollten treffend sein.

d) Es sollten ausdruckstarke Verben _____ werden.

e) Vergleiche machen die Beschreibung _____ .

f) Beschreibungen werden im _____ geschrieben.

Präsens

sachlich

verwendet

interessant

Adjektive

anschauliche

Immer wieder kommt man in eine Situation, in der man eine **Person** beschreiben möchte oder muss. Das ist nicht einfach. Wie bei den Tierbeschreibungen gibt es auch hier verschiedene Arten. Form und Inhalt richten sich hier ebenfalls nach dem Zweck.

1. *Lies die folgenden Beschreibungen.*

   Laura und Verena haben eine neue Mitschülerin bekommen.

   a) So beschreibt Laura die neue Mitschülerin:

   In unserer Klasse ist eine neue Schülerin. Sie ist ganz nett. Sie lächelt oft, aber irgendwie wirkt sie traurig. Sie war ganz schön aufgeregt heute Morgen. Sie sitzt jetzt neben mir. Sie spricht perfekt Deutsch, obwohl sie aus Spanien kommt. Sie hat eine rote Tasche. Sie war sehr unruhig, wahrscheinlich hatte sie Angst.

   b) So beschreibt Verena ihre neue Mitschülerin:

   Wir haben seit heute Morgen eine neue Mitschülerin. Sie ist ziemlich klein und sehr schlank. Sie hat pechschwarze lockige Haare, die sie ganz kurz geschnitten trägt. Sie ist ganz schön braun und hat dunkelblaue Augen. Das sieht sehr hübsch aus. Das Gesicht ist oval mit einer kleinen Stupsnase. Wenn sie lacht, sieht man ihre ebenmäßigen strahlend weißen Zähne. Sie lacht aber nur selten. Sie wirkt ein wenig traurig. Heute Morgen trug sie ein weißes T-Shirt und eine blaue Jeans. Sie sitzt jetzt ganz vorne neben Laura.

2. *Unterstreiche in den Texten alle Angaben, die etwas über das Aussehen der neuen Mitschülerin aussagen.*

3. *Nach welcher Beschreibung kannst du dir das Mädchen besser vorstellen?*

   Bei der Personenbeschreibung geht man von der Gesamterscheinung aus. Erst dann folgen die Einzelheiten. Die Merkmale müssen sachlich und genau dargestellt werden. Kommentare und Urteile gehören nicht dazu.

4. *Versuche, eine Person zu beschreiben, die du gut kennst. Ein anderer muss diese Person erraten.*

5. Ergänze die fehlenden Wortteile.
Das gehört alles zu einer Personenbeschreibung:

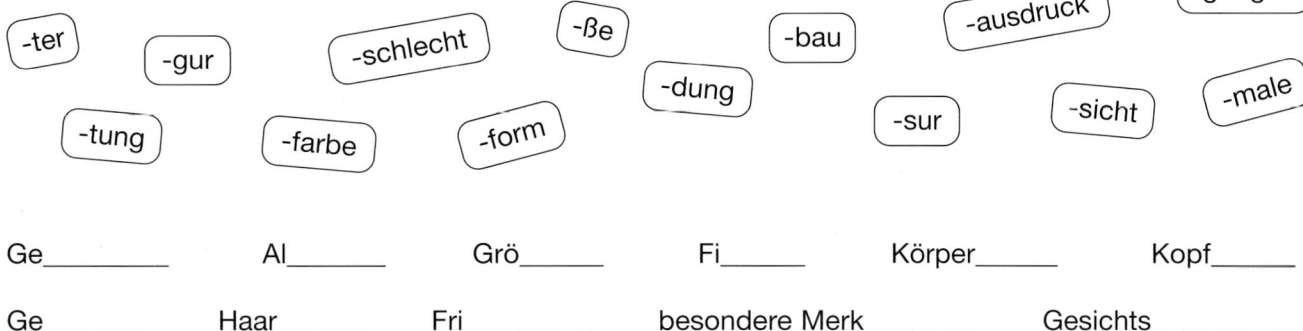

-ter -gur -schlecht -ße -bau -ausdruck -gungen
-tung -farbe -form -dung -sur -sicht -male

Ge_____ Al_____ Grö_____ Fi_____ Körper_____ Kopf_____

Ge_____ Haar_____ Fri_____ besondere Merk_____ Gesichts_____

Bewe_____ Hal_____ Klei_____

6. Streiche alles durch, was nicht zutrifft.

Junge, dünn, kurze hochstehende Haare,

längliches Gesicht, große dunkle Augen, dick,

Mädchen, kurze Hose, dünner Hals, klein,

lange Haare, kleine Ohren, aufrecht,

etwa zwölf Jahre alt, Sommersprossen,

dreiviertellange Jeans mit Längsstreifen,

gestreifte Socken, schwarze Schuhe,

helles T-Shirt mit Bild, Halstuch mit Punkten,

Halstuch mit Streifen, Sandalen, ohne Strümpfe

Es sollte ein deutliches Gesamtbild erscheinen, damit der Leser sich die Person genau vorstellen kann. Aber Gefühle, Gedanken und Charakter der beschriebenen Person gehören nicht dazu. Genaue Adjektive und treffende Verben machen die Beschreibung anschaulich.

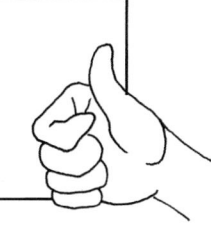

7. Versuche, dich selbst, eine Freundin oder einen Freund zu beschreiben.

Eine **Wegbeschreibung** hilft dir, ein unbekanntes Ziel zu erreichen. Nur ganz genaue Richtungsangaben und Hinweise sind hierbei hilfreich. Namen von Straßen und Gassen, Hinweise auf Gebäude wie Kirchen, Türme, Brücken sind sehr nützlich.

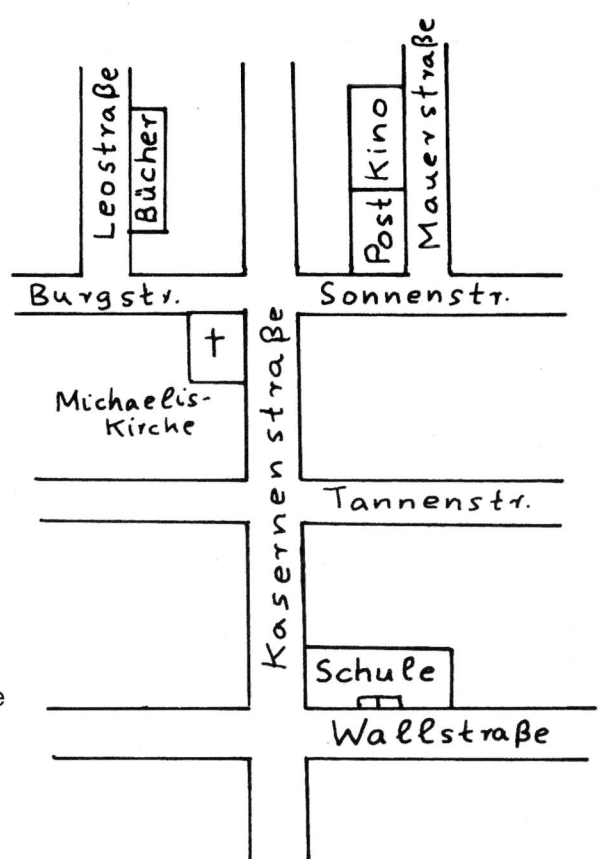

1. *Schau dir die Skizze an und lies die Wegbeschreibungen.*

   Daniel und Max stehen mit ihrem neuen Mitschüler Peter auf der Wallstraße vor der Schule. „Auf der Leostraße ist ein neues Buchgeschäft eröffnet worden", erzählen ihm die beiden. „Dort gibt es auch tolle CDs und Computerspiele."

   Peter ist begeistert und Daniel erklärt ihm den Weg: „Geh die Kasernenstraße runter bis zur Kirche. Da biegst du nach links ab und gehst geradeaus. Da in der Nähe ist der Laden."

   „Das versteht ja kein Mensch", murmelt Max und erklärt: „Du gehst jetzt nach rechts die Kasernenstraße hinunter. Hinter der Michaeliskirche überquerst du die Burgstraße und gehst nach links in diese Burgstraße hinein. Gleich an der nächsten Ecke gehst du rechts in die Leostraße. Im zweiten oder dritten Haus auf der rechten Seite ist der Laden."

2. *Welche Erklärung ist hilfreicher? Wieso? Was unterscheidet die beiden Wegbeschreibungen? Formuliere in Stichworten.*

_____

_____

_____

_____

_____

_____

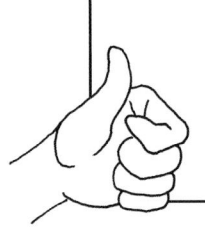

Genaue Straßenbezeichnungen, auffallende Gebäude und Besonderheiten wie gefährliche Kreuzungen sollten genannt werden.
Eine Wegbeschreibung muss vollständig und in der richtigen Reihenfolge sein.

3. *Schau dir noch einmal die Skizze an und beschreibe dann den Weg von der Schule zum Kino.*

_____

_____

_____

_____

_____

4. *Ergänze die fehlenden Wörter bei den Tipps für eine gute Wegbeschreibung.*

(Gefährliche)   (Namen)   (Merkmale)   (Reihenfolge)   (Verschiedene)

a) Die Angaben müssen in der richtigen _____ gegeben werden.

b) Die Straßen und Gassen sollten mit _____ genannt werden.

c) Auf auffallende _____ wie Gebäude, Bäume, Parks, Brücken, Geschäfte sollte

hingewiesen werden.

d) _____ Kreuzungen sollten erwähnt werden.

e) _____ Satzanfänge sollten gebraucht werden.

5. *Beschreibe den Weg von deiner Schule zu dir nach Hause.*

_____

_____

_____

_____

_____

Bei einer **Vorgangsbeschreibung** wird eine Handlung so beschrieben, dass der Leser sie gut nachvollziehen kann. Er muss anhand dieser Beschreibung in der Lage sein, den Vorgang auszuführen, auch wenn er ihn vorher noch nie gemacht hat.

Hier siehst du Bilder, die das Umpflanzen einer Topfpflanze zeigen.

1. *Bringe die Bilder in die richtige Reihenfolge,*
    indem du sie durchnummerierst.

Eine Vorgangsbeschreibung besteht aus mehreren Schritten, die in der richtigen Reihenfolge beschrieben werden müssen. Sie muss genau sein und es müssen die richtigen Begriffe verwendet werden.

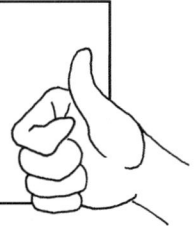

2. *Schreibe anhand der Stichwörter*
    eine Vorgangsbeschreibung.

> Pflanze in neuen Topf stellen und Erde nachfüllen

> Pflanze aus altem Topf nehmen

> Blumentopf halb mit Erde füllen

> Erde fest andrücken

> Pflanze gießen

1) _____

2) _____

3) _____

4) _____

5) _____

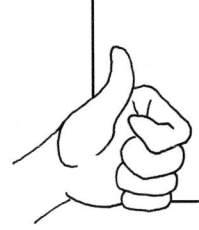

Eine Vorgangsbeschreibung sollte auch eine Überschrift haben. Sie nennt den im nachfolgenden Text beschriebenen Vorgang.
Vorgangsbeschreibungen können in verschiedenen Formen geschrieben werden:
Im Infinitiv (legen, stellen, packen …), in der Ich-Form, in der Man-Form, in der Anredeform (du öffnest …, sie öffnen …) oder im Passiv (der Deckel wird geöffnet …).
Die Zeitform ist immer das Präsens.

3. *Hier sind Stichworte zu einer weiteren Anleitung.*
   Schreibe sie in dein Heft.
   Suche auch eine passende Überschrift dazu.
   Vorsicht, die Stichworte sind nicht in der richtigen Reihenfolge.

> Pizza auf das Backblech legen

> Pizza in Stücke schneiden

> etwas Öl auf die Pizza träufeln

> Verpackung öffnen, Pizza aus der Plastikhülle herausnehmen

> Backofen auf angegebene Temperatur erwärmen

> Backblech in den Backofen schieben

> nach der vorgeschriebenen Zeit Pizza herausnehmen und auf den Teller legen

4. *Hier siehst du noch einmal zusammengefasst*
   Tipps für eine gute Vorgangsbeschreibung.
   Ergänze die fehlenden Wörter

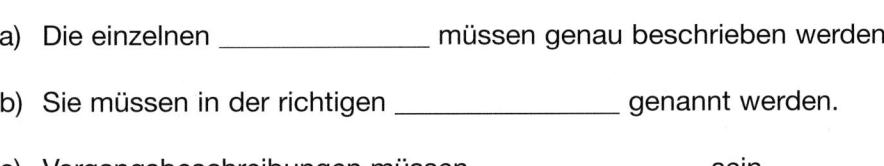

> Schritte   > sachlich   > Adjektive   > richtigen

> Reihenfolge   > und verständlich   > vermieden

a) Die einzelnen _____ müssen genau beschrieben werden.

b) Sie müssen in der richtigen _____ genannt werden.

c) Vorgangsbeschreibungen müssen _____ sein.

d) Eigene Wünsche, Meinungen und Gefühle sollten _____ werden.

e) Sie müssen klar _____ sein.

f) Es müssen die _____ Bezeichnungen verwendet werden.

g) Schmückende _____ werden hierbei nicht gebraucht.

„Komm, lass uns Waffeln backen", schlägt Jennifer vor. „Das geht ganz
einfach. Wir nehmen 250 g Mehl und 100 g Zucker, Salz und Eier, dann
noch Vanillezucker und Butter. Das rühren wir alles durcheinander.
Dann noch ein wenig Wasser dazu. Fertig ist der Waffelteig. Marie, hol mal
das Waffeleisen aus dem Schrank. Ich hole inzwischen die Rührmaschine
und die Backschüssel heraus. Dann geht's los."
Marie ist begeistert von dem Vorschlag. Aber dann stellt sich heraus,
dass alles doch nicht ganz so einfach ist.

1. **Unterstreiche in dem Text oben die Zutaten.**
   Was fällt dir auf?

2. **Ordne die Angaben.**

   Prise Salz, 125 g Butter, Backschüssel, 2 Eier, 100 g Zucker,
   Rührgerät, 1 klein geschnittene Vanillestange, Waffeleisen,
   1 TL Backpulver, Gabel, 250 g Mehl, Waage, 1/4 l Wasser

   Zutaten: _____

   _____

   Geräte: _____

   _____

Und dies ist die Backanleitung zum Rezept:

a) Schlage zunächst 125 g Butter schaumig und gib eine Prise Salz dazu.

b) Füge die beiden Eier und den Zucker hinzu.

c) Du musst so lange umrühren, bis die Mischung glatt ist.

d) Jetzt schüttest du Mehl, das Backpulver und die klein geschnittene Vanillestange hinzu.

e) Nun rühre noch einmal vorsichtig, dann allmählich schneller werdend, um.

f) Zum Schluss gießt du während des Umrührens vorsichtig das Wasser hinzu.

g) Erhitze das Waffeleisen und gieße von dem umgerührten Teig zwei Esslöffel auf die heiße Fläche
des Waffeleisens.

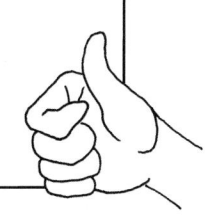

> Bei Rezepten sind genaue Angaben von Zutaten, Mengen und
> Temperaturen nötig. Die Arbeitsanweisungen müssen außerdem
> in der richtigen Reihenfolge stehen.

3. **Beantworte folgende Fragen zum Waffelrezept.**

   a) In welcher Form ist das Rezept geschrieben? (Man-/Du-/Ich-Form)
   b) Sind die Satzanfänge unterschiedlich?
   c) Stimmt die Reihenfolge?
   d) Ist das Rezept nachvollziehbar?

4. **Schreibe das Rezept in der Ich-Form.**

   _____

   _____

   _____

   _____

   _____

   _____

   _____

   _____

   _____

> Rezepte gehören zu den Vorgangsbeschreibungen.
> Es müssen die passenden Fachausdrücke verwendet werden.
> Die Arbeitsanweisungen müssen genau und eindeutig sein.

5. **Schreibe selbst ein Rezept.**
   Schreibe es im Infinitiv.

6. **Ordne jedem Verb ein passendes Nahrungsmittel zu.**

   kochen - _____   braten - _____   grillen - _____

   dünsten - _____   backen - _____   frittieren - _____

Anleitungen und Anweisungen müssen eindeutig, klar und verständlich und genau sein. Du kannst sie in Stichworten oder als ganze Sätze formulieren.

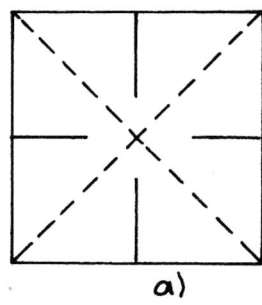
a)

1. *Lies diese Anleitung für einen achteckigen, plastischen Stern sorgfältig durch. Unterstreiche alle Verben.*

Material: Metallfolie, Lineal, Stift, Schere, Kleber

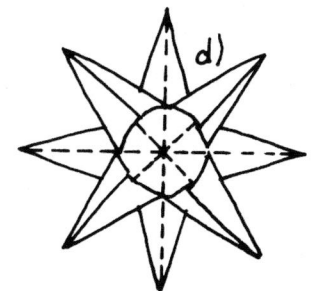
b)

1) Metallfolie nehmen
2) Ein Quadrat ausschneiden
3) Das Quadrat von Ecke zu Ecke zweimal kneifen (a)
4) Die dicken Linien zeigen, wo eingeschnitten werden muss
5) Die Ecken des Quadrates so zusammenfalten, dass eine Hälfte, also ein Eck-Dreieck, sich über das andere legt wie eine spitze Tüte (b)
6) So wird es mit allen vier Ecken gemacht (c)
7) Einen zweiten Stern basteln
8) Diesen auf den anderen kleben (d)
9) Fertig ist der achteckige Stern

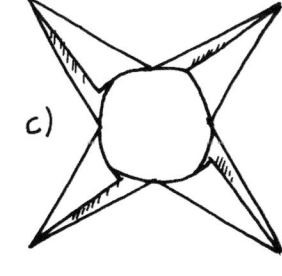
c)

d)

2. *Schreibe diese Anleitung in der Man-Form in dein Heft. Du kannst die Sätze mit Wörtern wie „zunächst", „dann", „anschließend", „bevor", „schließlich" verbinden.*

_____

_____

_____

_____

_____

_____

_____

3. *Schreibe mithilfe der Stichworte eine Anleitung*
für die Herstellung von Salzteig.
Schreibe als Aufforderung. (Gebt, lasst ...)

Zutaten: 1/4 l Wasser, 1 EL Speiseöl, 100 g Salz, 175 g Mehl

Wasser, Salz und Öl in flachen Topf geben / aufkochen lassen /

Topf von Herdplatte nehmen / das gesamte Mehl hineinschütten /

mit Kochlöffel umrühren / Topf zurück auf heiße Herdplatte stellen /

weiterrühren, bis der Teig ein dicker, glänzender Kloß geworden ist /

abwarten, bis er kühl genug zum Anfassen ist / Teig herausnehmen und verarbeiten

_____

_____

_____

_____

_____

_____

_____

_____

_____

_____

_____

Bastelanleitungen gehören zu den Vorgangsbeschreibungen.
Du kannst sie in verschiedenen Formen schreiben. Meistens wird sie
in der Man-Form formuliert. Aber es sind auch die Ich-Form, die Du-Form,
die Infinitiv- und die Aufforderungsform üblich.
Wichtig ist, dass
- die Schritte in der richtigen Reihenfolge stehen,
- die passenden Fachausdrücke benutzt werden,
- die Anleitung insgesamt klar und verständlich geschrieben wird.

1. Hier siehst du mehrere Arten von Spielen.
   Ordne sie.

> brettspielegeländespielekartenspieleballspielewürfelspielelaufspiele
> ratespieleversteckspielefadenspielefangspielewortspiele

a) Spiele, die sich eher für drinnen eignen: _____

_____

_____

b) Spiele, die sich eher für draußen eignen: _____

_____

_____

2. Hier findest du eine Spielanleitung für das Spiel „Mühle".
   Vier Sätze gehören dort nicht hinein.
   Streiche diese durch.

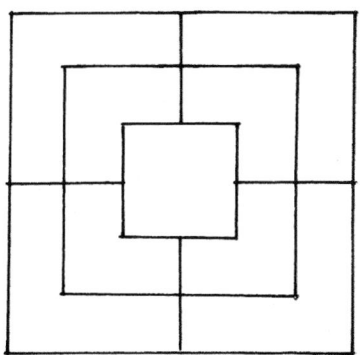

Mühle

Spiel für zwei Personen
mit je neun weißen und schwarzen Steinen

Jeder Spieler hat 9 Steine derselben Farbe. Weiß beginnt. Ich mag
die weißen Steine besonders gerne. Sie setzen abwechselnd je einen
Stein auf einen Punkt, wo sich zwei Linien treffen oder überschneiden.

Jeder versucht, bald eine Mühle zu bekommen. Das ist unglaublich
spannend. Eine Mühle besteht aus drei waagerechten oder senkrechten
Steinen. Wer eine Mühle hat, darf dem Gegner einen Stein wegnehmen,
aber nicht aus einer geschlossenen Mühle. Das wäre ja noch schöner!
Dann darf er noch einmal einen Stein setzen. Sind alle Steine gesetzt,
wird abwechselnd zum nächsten Punkt gezogen, um eine Mühle zu
bekommen oder beim Gegner eine zu verhindern.

Besitzt ein Spieler nur noch drei Steine, darf er springen. Aber der hat
kaum noch eine Chance. Wer nur noch zwei Steine hat, hat verloren.

In einer Spielanleitung haben persönliche
Gedanken und Meinungen nichts zu suchen.
Sie muss sachlich und genau sein.

Wer ein Spiel erfindet, muss auch Spielregeln aufstellen, damit das Spielen Spaß macht und es keinen Streit gibt. Dazu müssen einige Fragen geklärt werden.

3. *Hier sind die Fragen, aber sie stehen leider nicht in der richtigen Reihenfolge.*
   Ordne sie, indem du sie richtig durchnummerierst.

___Wie läuft das Spiel ab? (Tätigkeiten während des Spiels, besondere Regeln)

___Welches Material wird für dieses Spiel gebraucht?

___Was muss getan werden, bevor das Spiel losgeht?

___Wie endet das Spiel?

___Wie wird das Spiel angefangen?

___Wie gewinnt man?

___Wer darf beginnen?

___Wie viele Personen können mitspielen?

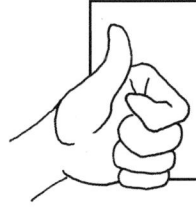

Bei einer Spielanleitung müssen alle Schritte genau erklärt werden. Sie müssen in der richtigen Reihenfolge stehen. Sie müssen klar und eindeutig formuliert werden.

4. *Schreibe mithilfe der Stichworte zu einem der beiden Spiele eine Anleitung.*
   Schreibe in ganzen Sätzen. Achte auf verschiedene Satzanfänge.

Katz-und-Maus-Spiel – Kreisspiel im Freien

Möglichst mehr als 10 Kinder / Kreis bilden / sich anfassen / ein Kind ist Maus / diese rennt ängstlich im Kreis herum / draußen lauert Katze auf einen Durch-schlupf / Katze versucht zwischen zwei Kindern in den Kreis zu gelangen / diese fassen sich fester an und versperren Weg / Katze versucht es immer wieder an anderen Stellen

Wolf und Schaf – ein Brettspiel

Spielmaterial: Das Dame-Brett / 4 weiße Steine für die Schafe / ein schwarzer Stein für den Wolf

Spielverlauf: Nur auf den dunklen Feldern spielen / Schafe auf die vier dunklen Felder in der letzten Reihe stellen / Wolf auf eines der schwarzen Felder in der entgegengesetzten letzten Reihe stellen / abwechselnd ziehen und jeweils nur ein Feld weiterrücken / Schafe fangen an / Springen ist verboten / Der Wolf darf sich nach allen Richtungen bewegen / Schafe dürfen nur geradeaus ziehen / Ziel des Spiels: Schafe versuchen, den Wolf einzukesseln, damit er sich nicht mehr bewegen kann / Wolf versucht, die Reihe der Schafe zu durchbrechen / Wer dieses Ziel erreicht, hat gewonnen.

Da es bei Tier- und Personenbeschreibungen auch auf die Bewegungen ankommt, sollten treffende Verben verwendet werden, damit sich der Leser eine bessere Vorstellung machen kann. Treffende Verben, passende Adjektive und Vergleiche sind daher wichtig. Damit wird alles anschaulicher dargestellt.

1. *Setze die passenden Verben in die Lücken.*

| schlich | krabbelte | kletterten | hoppelten | stolzierte |

| sprang | flogen | humpelten | flitzte | hüpfte |

a) Die Affen _____ übermütig an den Klettergestellen herum.

b) Das Baby _____ blitzschnell zu der Blumenvase hin.

c) Vollkommen geräuschlos _____ die Katze näher an ihre Beute heran.

d) Plötzlich _____ die Katze auf ihre Beute – eine winzige Feldmaus.

e) Die Möwen _____ in elegantem Bogen über die Badegäste hinweg.

f) Das Känguru _____ durch das Gehege.

g) Der Kranke _____ auf zwei Krücken durch den Raum.

h) Mit ausgebreitetem Schwanz _____ der Pfau daher.

i) Das Kaninchen _____ über die Wiese.

j) Wie der Blitz _____ das Eichhörnchen über die Äste.

2. *Markiere die Wörter, die du anstelle des Verbs „fliegen" schreiben könntest.*

flattern   segeln   schweben   schwirren   brodeln   sickern   gleiten   kurven   taumeln   quellen   wahrnehmen   kreisen   ziehen   trudeln   besitzen   wirbeln   schwingen   treiben   löschen   horchen

3. *Finde Verben, die du anstelle von*
   a) laufen und
   b) springen schreiben könntest.

Wenn du mit einer Gegenstandsbeschreibung beginnst, solltest du den Leser
zunächst einmal über Form und Größe des Gegenstandes informieren.

1. *Hier findest du Bezeichnungen, die entweder
    zu Körpern oder zu Flächen passen.
    Ordne sie richtig in die Tabelle ein.*

eiförmig   quadratisch   länglich   rechteckig   quaderförmig   achteckig

schmal   oval   würfelförmig   kreisförmig   pyramidenförmig   breit   spitz

rund   kugelförmig   zylindrisch   dreieckig   kugelig   rautenförmig   sechseckig

Bezeichnungen für:

a) Körper	b) Flächen	c) beides

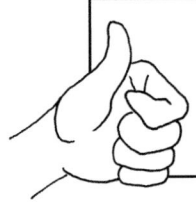
Bei Beschreibungen geht man vom Allgemeinen zum Besonderen über. Deshalb ist es
wichtig, zuerst den Gesamteindruck mithilfe der oben genannten Ausdrücke sachlich
und knapp wiederzugeben und erst dann die Einzelheiten zu beschreiben.

Adjektive sind besonders wichtige Wörter beim Anfertigen von Beschreibungen. Je treffender das Wort gewählt ist, desto besser ist die Sache, das Tier oder die Person für den Leser vorstellbar.

1. **Ordne die Adjektive den passenden Oberbegriffen zu.**

bequem unermüdlich ekelhaft rege zögernd garstig emsig gräulich

gemächlich abscheulich schleppend rastlos scheußlich bedächtig eifrig

hässlich	langsam	fleißig

Wer sich abwechslungsreich ausdrücken will, vermeidet Wiederholungen. Dazu bieten sich Wörter an, die eine ähnliche Bedeutung haben, aber auch Wörter, die das Gegenteil bedeuten.

Wenn du mit Gegenteilen arbeitest, musst du gut überlegen, ob das von dir gefundene Adjektiv auch wirklich das Gegenteil bedeutet. So ist z. B. das Gegenteil von hungrig nicht durstig, sondern satt.

2. **Verbinde die Gegensatzpaare.**

bettelarm   luxuriös   faul   schläfrig

klitzeklein   eng   reizvoll   erfrischt   bärenstark

weit   steinreich   fleißig   armselig

hellwach   riesengroß   erschöpft   reizlos   schwach

Willst du Dinge, Tiere, Menschen beschreiben, wirst du sicher auch oft Farbadjektive verwenden. Die Dinge nur mit schwarz, rot, blau, grün, gelb, weiß zu beschreiben, kann langweilig werden.
Es gibt zu jeder Farbe treffendere Ausdrücke. So kannst du, z. B. mit der Nachsilbe -lich, Farben abschwächen.

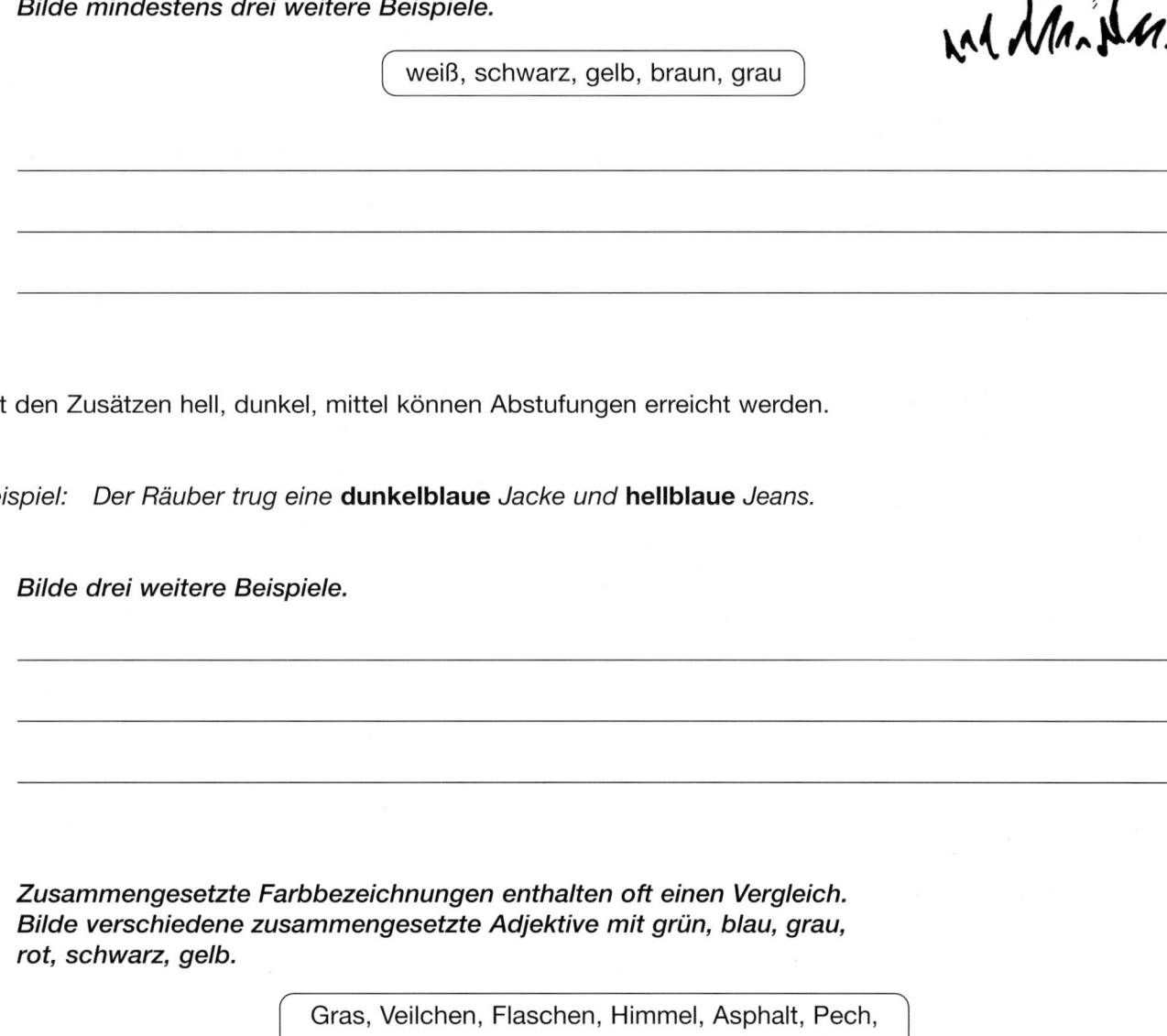

Beispiele: *Ein **bläuliches** Licht schimmerte in der Höhle.*
*Ein **rötlicher** Schimmer lag in der Luft.*
*Sein Gesicht hatte einen **grünlichen** Ton angenommen.*

1. **Bilde mindestens drei weitere Beispiele.**

> weiß, schwarz, gelb, braun, grau

_____

_____

_____

Mit den Zusätzen hell, dunkel, mittel können Abstufungen erreicht werden.

Beispiel: *Der Räuber trug eine **dunkelblaue** Jacke und **hellblaue** Jeans.*

2. **Bilde drei weitere Beispiele.**

_____

_____

_____

3. **Zusammengesetzte Farbbezeichnungen enthalten oft einen Vergleich. Bilde verschiedene zusammengesetzte Adjektive mit grün, blau, grau, rot, schwarz, gelb.**

> Gras, Veilchen, Flaschen, Himmel, Asphalt, Pech,
> Zitronen, Tannen, Knall, Kornblumen, Maus, Feuer

_____

_____

_____

D Lösungen

A Erzählung – I. 1 Allgemeine Informationen | 1

1. Es genügt, wenn das Erlebnis merkwürdig, lustig, komisch, überraschend, unheimlich, ärgerlich, traurig, heiter oder aufregend ist.

2. Du musst die Zeit aussuchen, wann die Geschichte spielen soll, den Ort, wo sie spielen soll, die Personen, die darin vorkommen sollen. Du musst ihnen Namen, Berufe, ein bestimmtes Alter und bestimmte Eigenschaften geben.
   Außerdem musst du dir überlegen, wie die Handlung sein soll und aus welcher Perspektive du die ganze Geschichte erzählen willst.

3. Jede Erzählung besteht aus Einleitung, Hauptteil und Schluss.

A Erzählung – I. 2 Einleitung | 2

1. Zu markieren sind: a), d), e)

2.
	a)	d)	e)
Wo?	Wald	Schwimmbad	Markt
Wann?	Gestern	Letzten Sonntag	Am Samstagmorgen
Wer?	Ich mit meinen Freunden	Ich mit meiner Freundin	Jule und ich
Was?	Etwas Merkwürdiges	Es	Etwas Erschreckendes

A Erzählung – I. 3 Schluss und Überschrift | 3

2. Nein. Es fehlt die Angabe des Ortes.

A Erzählung – I. 3 Schluss und Überschrift | 4

3. Anzukreuzen ist: b) zu kurz

4. Beispiel: Matthis wurde ins Krankenhaus gebracht. Und ich fuhr mit unseren beiden Rädern allein nach Hause. So endete unser Ausflug recht traurig. Zum Glück geht es Matthis inzwischen besser.

5. Beispiele: Ein wenig schönes Ende, Pech gehabt, Glück im Unglück

6. Anzukreuzen sind: Ein Erlebnis am Meer, Ferien im Zeltlager, Auf dem Neujahrsfest, Ein Waldspaziergang

A Erzählung – I. 4 Hauptteil mit Höhepunkt | 5

1. Unterstreichen von „Plötzlich ..." bis „.... Krankenwagen herbei."

2. Plötzlich überquerte ...

A Erzählung – II. 1 Erzählschritte | 6

1. 1) Sonntag 2) fehlt 3) Matthis und ich 4) Ein Aus-flug mit dem Fahrrad 4a) Pause im Wald 4b) Weiterfahrt den Berg hinauf 4c) herrliche Talfahrt 5) Ein Kaninchen überquert die Straße, Sturz des Freundes 6) Ich-Erzählung

A Erzählung – II. 2 Spannungsaufbau | 7

1) – d); 2) – g); 3) – b); 4) – e); 5) – a); 6) – f); 7) – c)

A Erzählung – II. 3 Äußerer und innerer Vorgang | 8

1. Die Gefühle und Gedanken können anhand folgender Sätze erkannt werden:
   Konnte es denn noch schlimmer werden? / Ich hatte Angst. / Ich glaube, die anderen auch. / Schweigsam wanderten wir weiter. / Mir wurde immer banger. / Wo waren wir denn nur? / Waren wir überhaupt noch auf unserem Weg? / Wir drängten uns aneinander. / Wir trauten uns kaum noch weiterzugehen. / Alles war totenstill. / „Lasst uns hier stehen bleiben. Weitergehen ist zu gefährlich", flüsterte Jan. / Wir hockten uns hin und warteten. / Wir waren ganz still, so still wie alles um uns herum. / Da, endlich riss die Nebeldecke auf. / O Schreck, direkt vor uns war ein Abgrund! / Die Haare stellten sich mir zu Berge. / Ich zitterte.

2. Beispiel-Überschrift: Glück gehabt!
   Beispiel-Schluss: Wären wir nur zwei Schritte weitergegangen, wären wir abgestürzt. Welch ein Glück, dass das noch einmal gut gegangen war. Es dauerte nicht lange, und der Spuk war endgültig vorbei. Die Sonne schien wieder und wir konnten sicher nach Hause wandern.

D Lösungen

A Erzählung – II. 3 Äußerer und innerer Vorgang

a) *Wütend sein:* Stirn in Falten legen, rotes Gesicht, Hände zu Fäusten ballen, Augenbrauen zusammenziehen, auf den Tisch schlagen, aufgeregt hin- und herlaufen, Türen zuschlagen, jemanden anschreien, schütteln, beschimpfen, schlagen

b) *Angst haben:* sich unter der Bettdecke verstecken, Licht anmachen, Schweiß bricht aus, Haare stehen zu Berge, blass werden, Tür verriegeln

c) *Sich freuen:* lachen, springen, Arme hochwerfen, küssen, umarmen, sich das Geschenk genau ansehen, jubeln, damit spielen

d) *Sich langweilen:* langes Gesicht machen, lustlos herumlaufen, müde sein, aggressiv sein, empfindlich sein, unfreundlich sein, sich aufs Bett legen, aus dem Fenster schauen, zu nichts Lust haben, keinen Hunger haben

A Erzählung – II. 4 Reihenfolge / Reizwortgeschichte

10

1. Die Wörter sind in der 3., 10., 11. und 13. Zeile.

2. *Es muss heißen:* Gerade fuhren wir durch einen dunklen Wald mit hohen Fichten und Kiefern, als Jan einen Platten hatte. Weit und breit war keine Pfütze und kein Bächlein zu sehen, um den Schlauch einzutauchen. Schließlich half uns Jens mit seiner Wasserflasche aus.

3. *Beispiel-Überschrift:* Sonderbare Fahrradtour
Beispiel-Schluss: Es war wirklich kein Glückstag für uns. Denn auf dem letzten Stück nach Hause kam noch ein Platzregen und wir wurden klatschnass. Trotzdem hat es Spaß gemacht und ich freue mich schon auf die nächste Tour.

A Erzählung – III. 1 Verschiedene Satzanfänge / Fantasieerzählung

11

2. a) Auf der Kirmes.
   b) Marie und Annie.
   c) Annie, ein Ungeheuer und ein junges Mädchen.

3. Es stört, dass so viele Sätze mit „Da" anfangen.

4. *Beispiel-Änderung:*
   Na so was!
   Gestern waren Marie und Annie auf der Kirmes. Sie saßen gemütlich im Eiscafé gleich neben der Geisterbahn und wunderten sich, dass so

viele Besucher damit fahren wollten. Da passierte etwas Schreckliches. Unglaublich viele Leute standen geduldig in der langen Warteschlange bei der Geisterbahn. Sie lachten, manche zählten ihr Geld, andere schauten in die Ferne.

Da hörte Annie plötzlich ein lautes Rauschen über sich. Als sie aufschaute, sah sie ein großes Ungeheuer mit gelben Augen und weit geöffnetem Maul auf die Leute zufliegen. Sie schrie vor Schreck. Mit seinen großen Krallen packte es ein junges Mädchen und trug es davon.

Alle Leute schauten entsetzt hoch. Manche schrien, andere liefen weg. Annie gelang es doch tatsächlich hinterherzufliegen, denn sie wollte das Mädchen retten. Aber da gab es einen Rums und sie fiel hin. Vor Schreck schrie sie laut auf.

Marie saß Annie gegenüber und wunderte sich über ihren Aufschrei. „Ich glaube, du warst gerade eingeschlafen", meinte sie. Tatsächlich, so war es wohl gewesen. Wie froh war Annie, gemütlich im Eiscafé zu sitzen. Sie erzählte ihrer Freundin den Traum und beide mussten laut lachen.

A Erzählung – III. 2 Zu Ende erzählen / Fantasieerzählung

12

2. a) *Beispiel-Stichwörter:* Theaterstück der 5b in Aula, plötzlich kein Licht mehr, kein Strom mehr

   b) *Beispiel-Höhepunkt:* totaler Stromausfall in der ganzen Stadt

   c)/d) *Beispiel-Schluss:* Zum Glück hatten manche Streichhölzer oder ein Feuerzeug dabei, sodass wir etwas Licht machen konnten. Dem Schulleiter gelang es, Panik zu verhindern. Er öffnete die Saaltüren und die Leute gingen vorsichtig hinaus. Draußen war es schon dämmrig. Aber Licht gab es auch hier nicht, auch nicht auf dem Schulhof, auch nicht auf der Straße, auch nicht in anderen Häusern. Seit diesem Moment gab es in der ganzen Stadt keinen Strom mehr. Kein Aufzug fuhr mehr, keine Waschmaschine wusch mehr, auf keinem Herd konnte mehr gekocht werden, in keiner Badewanne gebadet werden. Bis heute! Niemand weiß, warum das geschehen ist. Alle Menschen – und auch ich natürlich – mussten diese Stadt verlassen.

D Lösungen

A Erzählung – III. 3 Ein Ereignis erzählen/Traumerzählung 13

1. *So lautet der erste Traum:*
Da sah ich, wie viele von ihnen hintereinander durch einen Kreuzgang gingen, die Kapuzen über den Kopf gezogen, die Hände versteckt in den weiten Ärmeln ihrer Kutten. Sie murmelten eintönig ihre Gebete. Plötzlich war ich selbst einer der Mönche. Weil ich auf einmal ein sonderbares Geräusch hörte, verließ ich den Kreuzgang, obwohl das nicht erlaubt war. Ich schlich durch die verlassenen Räume und langen Gänge zur Pforte. Was war da so hell dort drüben? Ein roter Schimmer? Was konnte das sein? Hastig rannte ich weiter. Da sah ich Flammen aus der kleinen Kapelle schlagen. Sofort rannte ich zurück zu der kleinen Glocke neben der Pforte und läutete so fest ich konnte. Da stürmten die anderen Mönche herbei. Gemeinsam kämpften wir gegen das Feuer. Ach, wie heiß es war. Mir wurde es schrecklich warm.

Das sind die Sätze des zweiten Traumes:
Die Indianer saßen im Kreis um das Lagerfeuer und beschlossen, gegen die Weißen zu kämpfen. Mit den Indianern kämpfte ich gegen die Soldaten. Es gelang mir, viele Pfeile auf sie abzuschießen und gleichzeitig mein Pferd zu zügeln. Das war nicht einfach. Die Indianer wunderten sich, wie gut ich kämpfen konnte. Schließlich gewannen wir den Kampf.

2. *Beispiel-Schluss:* Er wachte auf, schaute sich erstaunt um und war froh, dass das alles nur ein Traum war. Die Augustsonne schien durch das offene Fenster direkt auf ihn. Kein Wunder, dass ihm so heiß war.

A Erzählung – III. 4 Reihenfolge einhalten/Bildergeschichte 14

2. 1) Zwei Bergsteiger klettern 2) Wetter wird schlecht 3) Einer stürzt ab 4) Der Abgestürzte liegt da 5) Hubschrauber kommt 6) Rettungsaktion läuft, der Verletzte wird hochgezogen

A Erzählung – III. 4 Reihenfolge einhalten/Bildergeschichte 15

3. a) In den Bergen   b) Im Sommer   c) Zwei Bergsteiger, Retter
d) Absturz   e) Sie werden gerettet   f) Angst, Verzweiflung

A Erzählung – III. 5 Einzelbild als Erzählkern 16

1. a) ja   b) ja   c) nein   d) ja   e) ja   f) ja   g) ja

A Erzählung – III. 5 Einzelbild als Erzählkern 17

2. a) Zeit   b) Ort   c) Personen
d) Namen   e) Handlung   f) Erzählperspektive

A Erzählung – III. 6 Bericht als Grundlage einer Erzählung 18

1. a) Gestern Nachmittag   b) In Bonn-Beuel   c) Vier Feuerwehrleute, der Besitzer, zwei Pferde   d) Die Pferde waren ausgerissen   e) In einer Sackgasse konnten sie eingefangen werden.

A Erzählung – III. 6 Bericht als Grundlage einer Erzählung 19

2. a) ja   b) ja   c) ja   d) ja   e) ja   f) nein   g) nein

A Erzählung – III. 7 Nacherzählung: Wiedergabe eines Textes 20

1. 1) Mann kauft Esel auf Probe 2) Er bringt ihn zu seinem Hof und lässt ihn frei laufen 3) Esel geht zu einem fressenden Esel 4) Mann legt ihm Strick um 5) Mann bringt ihn wieder zurück

A Erzählung – III. 7 Nacherzählung: Wiedergabe eines Textes 21

1. *Alle Fragen können mit „ja" beantwortet werden.*

2. *Beispiele:* Wald, Derwisch, Wolf, nicht töten, büßen, Schafherde, stürmte davon, enttäuscht

A Erzählung – IV. 1 Nebensätze 22

a) R   b) T   c) K   d) T   e) R   f) T   g) K   h) R   i) K

D Lösungen

A Erzählung – IV. 2 Ausdrucksstarke Wörter — 23

1) anschalten 2) öffnen 3) schließen 4) anzünden 5) aufräumen 6) töten
7) ängstigen, erschrecken 8) beenden 9) säubern 10) reparieren 11) heilen
12) decken 13) fotokopieren 14) zerreißen 15) öffnen 16) schreiben 17) mähen

A Erzählung – IV. 2 Ausdrucksstarke Wörter — 24

1. *essen:* nagen, knabbern, futtern, naschen, schlecken, frühstücken,
kosten, hinunterschlingen, einnehmen
geben: überreichen, opfern, liefern, leihen, stiften, übergeben, mitbringen,
anbieten, schenken
leuchten: scheinen, strahlen, blinken, glühen, flimmern, schillern, blitzen,
glitzern, gleißen
regnen: plätschern, tropfen, gießen, strömen, nieseln, prasseln, hageln,
tröpfeln, sprühen

2. *Beispiel-Lösung:*
schnell: rasch, flink, hastig, eilig, behände
stark: gewaltig, wuchtig, mächtig, kraftvoll, stämmig
schön: hübsch, bezaubernd, anmutig, nett
zart: zierlich, schwach, fein, gebrechlich, hinfällig, leicht

A Erzählung – IV. 3 Redewendungen — 25

1) Das ist ihm zu schwierig / zu viel. 2) Sie ist traurig. 3) Er hat große Schwierigkeiten / Probleme. 4) Ich habe Schwierigkeiten / Probleme. 5) Er kam in
eine bedrohliche / gefährliche / schwierige Situation. 6) Er hat Geld ver-
schwendet. 7) Sie beschäftigte sich mit einer gefährlichen Sache. 8) Er
wollte die Wirklichkeit nicht sehen. 9) Sie irrte sich. 10) Ich war ganz über-
rascht. 11) Sie haben viel Geld. 12) Da gibt es eine versteckte Schwierig-
keit. 13) Ich hielt die Schmerzen / die Traurigkeit aus, ohne sie den anderen
zu zeigen. 14) Sie war arrogant / eingebildet. 15) Er staunte / wunderte sich.
16) Er hörte genau hin. 17) Sie hatte genau recht.

A Erzählung – IV. 4 Vergleiche und Metaphern — 26

1. a) fleißig wie eine Biene   b) schwarz wie Pech   c) treu wie ein Hund
d) hart wie Stein   e) zäh wie Leder   f) störrisch wie ein Esel
g) krumm wie eine Banane   h) strahlend wie die Sonne

2. a) Das Haus stand am Fuß des Berges. b) Vater ist das Haupt einer
großen Familie. c) Julia ist die rechte Hand ihres Chefs. d) Der Fluss
teilt sich in mehrere Arme. e) Leg dem Pferd das Geschirr an. f) Die
Blumen lassen die Köpfe hängen. g) Der Titel steht auch auf dem
Rücken des Buches. h) Klaus bekommt morgen eine Krone beim
Zahnarzt.

A Erzählung – IV. 5 Zusammengesetzte Wörter — 27

1. a) goldgelb   b) butterweich   c) himmelblau   d) steinalt
e) rabenschwarz   f) ellenlang   g) riesengroß   h) eiskalt
i) messerscharf   j) turmhoch   k) blutrot

2. Dachziegel – Ziegeldach, Milchkuh – Kuhmilch,
Blumengarten – Gartenblume, Meersalz – Salzmeer,
Kernobst – Obstkern, Wandschrank – Schrankwand,
Bierfass – Fassbier, Rathaus – Hausrat
*Zusammengesetzte Wörter, bei denen sich die Reihenfolge nicht
vertauschen lässt:* Flusspferd, Schneebesen

A Erzählung – V. 1 Merkmale einer guten Erzählung — 28

Richtig sind: 1), 2), 3), 4), 5), 6), 8), 10), 11), 13), 14), 16), 17), 19), 20)

B Brief, E-Mail, SMS – 1 Briefanlässe — 31

1. *Der Schreiber will …*
1) dem Leser ein Erlebnis erzählen.   2) ihm Informationen mitteilen.
3) ihm ein Problem erläutern.   4) ihn zu einer Feier einladen.
5) sich bei ihm entschuldigen.   6) ihn um Informationen bitten.
7) sich bei ihm beschweren.   8) ihn von etwas überzeugen.
9) ihn zu etwas überreden.   10) ihn um einen Gefallen oder
eine Sache bitten.

2. Inhalt und Formulierung eines Briefes hängen vom Adressaten und
vom Zweck ab. Aber alle sollten in höflichem und freundlichem Ton
geschrieben sein.

3. Ulla will sich bei Hannes entschuldigen.

D Lösungen

B Brief, E-Mail, SMS – 2 Bestandteile eines Briefes   32

1. Absender, Datum, Anrede, Text, Grußformel, Unterschrift

2. *Es fehlen:* Datum, Anrede, Grußformel.

B Brief, E-Mail, SMS – 3 Einladung   33

2. a) *Es fehlen:* der Absender, das Datum und die persönliche Anrede, genaue Orts- und Zeitangaben; Wegbeschreibung und Verkehrsverbindungen fehlen ebenfalls.

b) *Es fehlen:* Absender und Datum, der genaue Ort. Sie verrät mit keinem Wort, ob sie sich auf den Gast freut. Wegbeschreibung und Verkehrsverbindungen fehlen auch hier, ebenso eine freundliche Grußformel am Schluss.

B Brief, E-Mail, SMS – 4 Entschuldigungsbrief   34

1. Korrekt ist der Brief von Ulla Glas.

B Brief, E-Mail, SMS – 5 Persönlicher Brief   35

1. Lieber Max, leider konnte ich dich in den Herbstferien nicht besuchen, weil ich kurz vorher krank geworden bin. Das tut mir wirklich sehr leid. Sicher warst du auch sehr enttäuscht. Und für das Buch, das du mir geschickt hast, möchte ich mich herzlich bedanken.
Ich musste mehrere Tage im Bett liegen. Wie du dir denken kannst, war das sehr langweilig. Zuerst war ... Stell dir vor, ich habe sogar ein Tor geschossen. Und denk nur, wir haben schließlich sogar gewonnen. Mein kleiner Bruder war ganz stolz auf mich. Er lässt dich übrigens herzlich grüßen. Wenn ich dich am Sonntag anrufe, erzähle ich dir alles ganz genau. Bis dahin grüßt dich dein Florian

B Brief, E-Mail, SMS – 6 Sachlicher Brief   36

2. a) ja   b) ja   c) nein   d) ja   e) ja   f) ja   g) ja

2. a) nein   e) Umgangssprache
   b) nein   f) ja
   c) nein   g) nein
   d) nein   h) nein

3. a) Ein Geschäftsbrief sollte sachlich und höflich gehalten sein.
b) Er muss klar und verständlich sein.
c) Es sollte die Schrift- und nicht die Umgangssprache verwendet werden.
c) Es wird die Betreffzeile eingefügt, in der kurz das Wesentliche (der Grund, das Anliegen, der Wunsch ...) angedeutet wird.
e) Gefühlsäußerungen und persönliche Erlebnisse sollten nicht darin enthalten sein.
f) Höfliche Grußformel und Unterschrift mit Vor- und Nachnamen runden den Brief ab.

C Beschreibung und Anleitung – I. 1 Gegenstandsbeschreibung   39

1. c) Wiesel ...   a) Gestern ...   b) Am Sonntag ...   c) Kleines ...

C Beschreibung und Anleitung – I. 2 Tierbeschreibung   40

4. a) Die Angaben sollten klar, sachlich und genau sein.
b) Es sollten anschauliche Substantive verwendet werden.
c) Adjektive sollten treffend sein.
d) Es sollten ausdrucksstarke Verben verwendet werden.
e) Vergleiche machen die Beschreibung interessant.
f) Beschreibungen werden im Präsens geschrieben.

C Beschreibung und Anleitung – I. 3 Personenbeschreibung   41

2. a) *Unterstreichungen:* –
b) *Unterstreichungen:* ziemlich klein; sehr schlank; pechschwarze, lockige Haare; kurz geschnitten; braun; dunkelblaue Augen; Gesicht oval mit Stupsnase; strahlend weißen Zähne; weißes T-Shirt; blaue Jeans

C Beschreibung und Anleitung – I. 3 Personenbeschreibung   42

5. Geschlecht, Alter, Größe, Figur, Körperbau, Kopfform, Gesicht, Haarfarbe, Frisur, besondere Merkmale, Gesichtsausdruck, Bewegungen, Haltung, Kleidung

6. *durchstreichen:* Mädchen, klein, dick, kurze Hose, lange Haare, Sommersprossen, Halstuch mit Streifen, Sandalen, ohne Strümpfe

D Lösungen

C Beschreibung und Anleitung – I. 4 Wegbeschreibung 43

2. Hilfreicher ist die Erklärung von Max.
Seine Beschreibung ist ausführlicher, benennt Gebäude, ist genauer und daher besser vorstellbar und nachvollziehbar.

C Beschreibung und Anleitung – I. 4 Wegbeschreibung 44

3. Beispiel: Biege rechts in die Kasernenstraße ab. An der zweiten Ecke überquerst du die Sonnenstraße, dann wendest du dich nach rechts, gehst die Sonnenstraße entlang. An der nächsten Ecke gehst du links in die Mauerstraße. Gleich hinter der Post auf der linken Seite ist das Kino.

4.
a) Die Angaben müssen in der richtigen Reihenfolge gegeben werden.
b) Die Straßen und Gassen sollten mit Namen genannt werden.
c) Auf auffallende Merkmale wie Gebäude, Bäume, Parks, Brücken, Geschäfte sollte hingewiesen werden.
d) Gefährliche Kreuzungen sollten erwähnt werden.
e) Verschiedene Satzanfänge sollten gebraucht werden.

C Beschreibung und Anleitung – I. 5 Vorgangsbeschreibung 45

1. 1) Den Blumentopf halb mit Erde füllen
2) Pflanze aus altem Topf nehmen
3) Die Pflanze in den neuen Topf stellen und Erde nachfüllen
4) Erde festdrücken
5) Pflanze gießen

2. 1) Fülle den neuen Blumentopf halb mit Erde.
2) Nimm die Pflanze aus dem alten Topf.
3) Stelle die Pflanze in den neuen Topf und fülle ihn mit Erde auf.
4) Drücke die Erde fest.
5) Gieße die Pflanze.

C Beschreibung und Anleitung – I. 5 Vorgangsbeschreibung 46

3. Zubereitung einer Tiefkühlpizza
Backofen auf angegebene Temperatur erwärmen/Verpackung öffnen, Pizza aus der Plastikhülle herausnehmen/Pizza auf das Backblech legen/etwas Öl auf die Pizza träufeln/Backblech in den Backofen schieben/nach der vorgeschriebenen Zeit Pizza herausnehmen und auf den Teller legen/Pizza in Stücke schneiden

4.
a) Die einzelnen Schritte müssen genau beschrieben werden.
b) Sie müssen in der richtigen Reihenfolge genannt werden.
c) Vorgangsbeschreibungen müssen sachlich sein.
d) Eigene Wünsche, Meinungen und Gefühle sollten vermieden werden.
e) Sie müssen klar und verständlich sein.
f) Es müssen die richtigen Bezeichnungen verwendet werden.
g) Schmückende Adjektive werden hierbei nicht gebraucht.

C Beschreibung und Anleitung – I. 6 Backanleitung 47

1. Unterstrichen werden: 250 g Mehl, 100 g Zucker, Salz, Eier, Vanillezucker, Butter, Wasser.
Die Angaben sind unvollständig und ungenau.

2. Zutaten: Eine Prise Salz, 125 g Butter, 2 Eier, 100 g Zucker, 1 klein geschnittene Vanillestange, 1 TL Backpulver, 250 g Mehl, 1/4 l Wasser
Geräte: Backschüssel, Rührgerät, Waffeleisen, Waage

C Beschreibung und Anleitung – I. 6 Backanleitung 48

3.
a) in der Du-Form   b) ja   c) ja   d) ja

4.
a) Ich schlage zunächst 125 g Butter schaumig und gebe eine Prise Salz dazu.
b) Ich füge die beiden Eier und den Zucker hinzu.
c) Ich muss so lange umrühren, bis die Mischung glatt ist.
d) Jetzt schütte ich Mehl, das Backpulver und die klein geschnittene Vanillestange hinzu.
e) Nun rühre ich noch einmal vorsichtig, dann allmählich schneller werdend, um.
f) Zum Schluss gieße ich während des Umrührens vorsichtig das Wasser hinzu.
g) Ich erhitze das Waffeleisen und gieße von dem umgerührten Teig zwei Esslöffel auf die heiße Fläche des Waffeleisens.
h) Wenn der Summer ertönt, kann ich die Waffel mit einer Gabel vorsichtig herausnehmen.

6.
kochen – Kartoffeln   braten – Eier   grillen – Würstchen
dünsten – Gemüse   backen – Kuchen   frittieren – Kartoffeln

D Lösungen

C Beschreibung und Anleitung – I. 7 Bastelanleitung   49

1. 1) nehmen 2) ausschneiden 3) kneifen 4) zeigen ... eingeschnitten werden muss 5) zusammenfalten ... legt 6) wird ... gemacht 7) basteln 8) kleben 9) ist

2. Man nimmt Metallfolie. Daraus schneidet man ein Quadrat aus. Man kneift es zweimal von Ecke zu Ecke. Die dicken Linien zeigen, wo man einschneiden muss. Anschließend faltet man die Ecken des Quadrates so zusammen, dass eine Hälfte, also ein Eck-Dreieck, sich über das andere legt wie eine spitze Tüte. So macht man es mit allen vier Ecken. Dann bastelt man einen zweiten Stern, den man auf den anderen kleben kann. Fertig ist der achteckige Stern.

C Beschreibung und Anleitung – I. 7 Bastelanleitung   50

Beispiel:
Gib 1/4 l Wasser, 100 g Salz und 1 EL Speiseöl in einen Topf und lasse das Gemisch aufkochen. Anschließend nimm den Topf von der Herdplatte. Schütte das gesamte Mehl in den Topf und rühre mit einem Kochlöffel um. Dann stelle den Topf zurück auf die Herdplatte. Rühre dabei weiter, bis der Teig ein dicker, glänzender Kloß geworden ist. Bevor du den Teig aus dem Topf nimmst und weiterverarbeitest, warte, bis er kühl genug zum Anfassen ist.

C Beschreibung und Anleitung – I. 8 Spielanleitung   51

1. a) Brett-, Karten-, Würfel-, Rate-, Faden-, (Versteck-,) Wortspiele
   b) Gelände-, Ball-, Lauf-, Versteck-, Fangspiele

2. *Durchgestrichen werden die Sätze:* Ich mag die weißen Steine besonders gerne. Das ist unglaublich spannend. Das wäre ja noch schöner! Aber der hat kaum noch eine Chance.

C Beschreibung und Anleitung – I. 8 Spielanleitung   52

3. 1) Wie viele Personen können mitspielen?
   2) Welches Material wird für dieses Spiel gebraucht?
   3) Was muss getan werden, bevor das Spiel losgeht?
   4) Wer darf beginnen?
   5) Wie wird das Spiel angefangen?
   6) Wie läuft das Spiel ab?
   7) Wie gewinnt man?
   8) Wie endet das Spiel?

C Beschreibung und Anleitung – II. 1 Treffende Verben   53

1. a) Die Affen kletterten übermütig an den Klettergestellen herum.
   b) Das Baby krabbelte blitzschnell zu der Blumenvase hin.
   c) Vollkommen geräuschlos schlich sich die Katze näher an ihre Beute heran.
   d) Plötzlich sprang die Katze auf ihre Beute – eine winzige Feldmaus.
   e) Die Möwen flogen in elegantem Bogen über die Badegäste hinweg.
   f) Das Känguru hüpfte durch das Gehege.
   g) Der Kranke humpelte auf zwei Krücken durch den Raum.
   h) Mit ausgebreitetem Schwanz stolzierte der Pfau daher.
   i) Das Kaninchen hoppelte über die Wiese.
   j) Wie der Blitz flitzte das Eichhörnchen über die Äste.

2. *Eingekreist werden:* flattern, segeln, schweben, wirbeln, schwirren, schwingen, kreisen, treiben, ziehen, trudeln, kurven, taumeln, gleiten

3. *laufen:* eilen, hasten, preschen, rasen, rennen, sausen, sprinten, spurten, stürmen
   springen: hopsen, hüpfen, einen Satz machen, hechten

C Beschreibung und Anleitung – II. 2 Flächen und Körper   54

1. a) quaderförmig, würfelförmig, eiförmig, kugelförmig, kugelig, zylindrisch, pyramidenförmig
   b) quadratisch, rechteckig, oval, kreisförmig, rund, rautenförmig, dreieckig, sechseckig, achteckig
   c) länglich, schmal, breit, spitz

C Beschreibung und Anleitung – II. 3 Adjektive   55

1. *hässlich:* ekelhaft, garstig, abscheulich, scheußlich, gräulich
   langsam: bequem, bedächtig, zögernd, gemächlich, schleppend
   fleißig: unermüdlich, eifrig, rastlos, rege, emsig

2. bettelarm – steinreich, luxuriös – armselig, faul – fleißig, schläfrig – hellwach, klitzeklein – riesengroß,

D Lösungen

eng – weit, reizvoll – reizlos, erfrischt – erschöpft, bärenstark – schwächlich

C Beschreibung und Anleitung – II. 3 Farbbezeichnungen 56

1. *Beispiele:* Das schwärzlich angelaufene Silberbesteck lag auf dem Tisch.
   Die gelbliche Gesichtsfarbe verhieß nichts Gutes.
   Das Metall schimmerte weißlich im Abendlicht.

2. *Beispiele:* Ich habe hellblonde Haare.
   Jutta liebt dunkelrote Kleider.
   Hanno kauft sich mittelblaue Strümpfe.

3. veilchenblau, grasgrün, himmelblau, asphaltgrau, pechschwarz, zitronengelb, tannengrün, knallrot, kornblumenblau, mausgrau, feuerrot, flaschengrün

Alle Unterrichtsmaterialien

der Verlage Auer, PERSEN und scolix

jederzeit online verfügbar

lehrerbuero.de
Jetzt kostenlos testen!

Das **Online-Portal** für Unterricht und Schulalltag!